DAGMAR REICHEL | CORA WETZSTEIN

SLOW CARBS

KOCHEN MIT KOHLENHYDRATEN, DIE SATT, SCHLANK UND GLÜCKLICH MACHEN

DAGMAR REICHEL | CORA WETZSTEIN

SLOW CARBS

KOCHEN MIT KOHLENHYDRATEN, DIE SATT, SCHLANK UND GLÜCKLICH MACHEN

FOTOS: BARBARA BONISOLLI

QUALITÄTS G|U GARANTIE

DIE GU-QUALITÄTS-GARANTIE

Wir möchten Ihnen mit den Informationen und Anregungen in diesem Buch das Leben erleichtern und Sie inspirieren, Neues auszuprobieren. Alle Informationen werden von unseren Autoren gewissenhaft erstellt und von unseren Redakteuren sorgfältig ausgewählt und mehrfach geprüft. Deshalb bieten wir Ihnen eine 100%ige Qualitätsgarantie. Sollten wir mit diesem Buch Ihre Erwartungen nicht erfüllen, lassen Sie es uns bitte wissen! Wir tauschen Ihr Buch jederzeit gegen ein gleichwertiges zum gleichen oder ähnlichen Thema um.
Wir freuen uns auf Ihre Rückmeldung, auf Lob, Kritik und Anregungen, damit wir für Sie immer besser werden können.

GRÄFE UND UNZER Verlag
Leserservice
Postfach 86 03 13
81630 München
E-Mail:
leserservice@graefe-und-unzer.de

Telefon: 00800 / 72 37 33 33*
Telefax: 00800 / 50 12 05 44*
Mo–Do: 9.00 – 17.00 Uhr
Fr: 9.00 – 16.00 Uhr
(gebührenfrei in D, A, CH)*

GRÄFE UND UNZER VERLAG
Der erste Ratgeberverlag – seit 1722.

KV

Inhalt

6 | Die Basics

Schnell oder langsam? Alles Wissenswerte über Kohlenhydrate, Eiweiß und Fette und was wir sonst noch brauchen, um fit, gesund und zufrieden zu sein.

20 | Die Top 12

Die besten Slow-Carb-Lebensmittel in Übersicht: Von Nüssen, über Hülsenfrüchte bis hin zu Äpfeln und Kohl.

24 | Slow oder No Carb

Tipps, wie man noch effizienter abnimmt, unterwegs, in Büro oder Kantine Slow Carb essen kann, und 6 superschnelle Snackideen.

154 | Register

160 | Impressum

32 | Frühstück

Mögen Sie's lieber süß oder herzhaft, sind Sie Müsli- oder Smoothie-Fan oder gar der Lieber-erst-im-Büro-Frühstücker? Ganz egal, Hauptsache, Sie starten Slow Carb in den Tag, z. B. mit Porridge mit Mango, Slow-Carb-Brot oder -Müsli einer grünen Smoothie Bowl oder deftigem Schinken-Paprika-Rührei.

52 | Kalte Mahlzeiten

Wer mittags im Büro auf Slow Carb setzt oder abends Kohlenhydrat-unbeschwert schlemmen will, um fast im Schlaf abzunehmen, wird hier fündig: Käse-Paprika-Stulle für die Lunchbox, Auberginen-Nudel-Salat und Garnelensalat im Glas zum Mitnehmen oder fein gewürztes Hummus mit Hackfleischbällchen.

88 | Warme Mahlzeiten

Schnelle Gerichte für jeden Tag oder sonntäglich feine Kost sorgen dank Slow Carb für Schlankheit und Wohlbefinden. Und auch auf geliebte Kohlenhydrat-Klassiker muss keiner verzichten. Vorhang auf für Apfelstrudel-Pfannkuchen, Blitzschnelle Paella, Slow-Carbonara oder gebratenes Rinderfilet mit Sellerie-Salsa und Süßkartoffelstampf.

142 | Auch mal was Süßes

Auch auf Desserts, süße Hauptgerichte und Gebäck muss man bei Slow Carb nicht verzichten: Lassen Sie Schokoriegel und Zuckerguss-Gebäck einfach links liegen und halten Sie sich an selbst gebackene Zitronen-Muffins, Kürbiskuchen, Zitronen-Buttermilch-Creme oder Kokos-Panna-Cotta und genießen Sie gaaaanz langsam.

Was sind Kohlenhydrate?

Eines vorweg, das Sie unbedingt beherzigen sollten: Kohlenhydrate sind nicht böse. Sonst hätte die Natur sie nicht hervorgebracht. Lesen Sie auf den folgenden Seiten, was es mit den vermeintlich schlechten und guten Zuckermolekülen auf sich hat.

Ein- und Zweifachzucker

Traubenzucker (Glukose) ist genauso wie Fruchtzucker (Fruktose) und Schleimzucker (Galaktose) ein einzelnes Zuckermolekül, ein sogenannter Einfachzucker (Monosaccharid). Diese Zucker-Singles, die

In einem Liter Cola stecken ca. 40 Stück Zucker, in einer 750-g-Flasche Ketchup ca. 60.

vor allem in Obst und Honig stecken, können sich mit anderen Einfachzuckern zu Pärchen zusammenschließen, dann spricht der Chemiker von Zweifachzuckern oder Disacchariden. Diese Zuckerpaare kennen Sie aus Ihrem Alltag als Milchzucker (Laktose) in der Milch, als Malzzucker (Maltose) im Bier und als ganz normalen Haushaltszucker (Saccharose) zum Backen oder Süßen.

Mehr- und Vielfachzucker

Reichen sich drei bis neun Einfachzucker die Hände, entstehen Mehrfachzucker (Oligosaccharide). Mit bestimmten Arten davon, die in Hülsenfrüchten enthalten sind, haben Sie vielleicht schon ab und an eher unangenehme Bekanntschaft gemacht – mit denen nämlich, die Blähungen verursachen. Zuckerketten mit zehn und mehr Zuckermolekülen heißen Vielfachzucker oder Polysaccharide. Dazu zählen die Stärke aus Nudeln, Kartoffeln und Getreide sowie die Ballaststoffe (mehr dazu siehe S. 12), die Sie vermehrt aufnehmen, wenn Sie Obst, Gemüse und Produkte aus Vollkorngetreide wie Müsli, Vollkornbrot oder Vollkornnudeln essen.

Treibstoff für den Menschen

Merken Sie etwas? Je länger die Zuckerketten werden, desto weniger süß schmecken sie. Das hat auch seinen Sinn, wie so ziemlich alles in der Natur.
Kohlenhydrate sind Brennstoff und Energiespeicher für den Menschen. Jedes Gramm Kohlenhydrate liefert Ihnen etwa vier Kilokalorien. Allen voran deckt das Gehirn seinen Energiebedarf mit Kohlenhydraten. Ohne sie kann es nicht vernünftig arbeiten. Das merken Sie, wenn Sie lange nichts gegessen haben und der Blutzucker sinkt. Dann lässt die Konzentration nach, und Ihnen wird schwindelig.
Um Energie gewinnen zu können, braucht Ihr Körper den Zucker in einer bestimmten Form, nämlich als Traubenzucker (Glukose). Kommen mit dem Nahrungsbrei Ein- und Zweifachzucker in den Darm, passieren sie alle ohne Probleme die Darmwand, um dann über die Blutbahn schnell zu den Zellen zu gelangen, in denen sie gebraucht werden. Sie sind also für die schnelle Energieversorgung zuständig. Da-

rum gieren wir bei großem Hunger instinktiv nach Süßem, der Quelle für den raschen Energieschub. Für die langen Kohlenhydratketten (Mehr- und Vielfachzucker) ist dieser Weg nicht so einfach. Sie müssen erst von den Verdauungsenzymen in Ein- und Zweifachzuckerstücke zerlegt werden, bevor sie die Darmwand passieren können. Das geschieht langsam und häppchenweise, liefert aber anhaltend Energie – darum gehören sie neben den Ballaststoffen zu den Slow Carbs. Bildlich betrachtet, wirken die Ein- und Zweifachzucker im Stoffwechsel so, als ob man Öl ins Feuer gießt, die Mehr- und Vielfachzucker dagegen wie einzelne Holzscheite, die man nach und nach ins Feuer legt, damit es konstant weiterbrennt.

Kartoffeln, Nudeln und Co. enthalten viel Stärke. Im Übermaß verzehrt, lässt sie sich auf der Hüfte nieder.

Was heißt das für den Stoffwechsel?

Die Zuckermoleküle, die vom Darm ins Blut gelangen, brauchen Taxis, um zu und in die Zellen zu gelangen. Diese Taxis heißen Insulin, ein Hormon, das die Bauchspeicheldrüse ausschüttet, sobald Sie etwas essen, das Kohlenhydrate enthält. Je mehr Zucker im Blut schwimmt, desto mehr Insulin ist nötig, um den Blutzuckerspiegel wieder abzusenken. Dieses System funktioniert prima, solange Sie es nicht überlasten. Muss die Bauchspeicheldrüse ständig viel Insulin produzieren, weil Sie permanent via Limonade, Kuchen, Weißmehlbrötchen oder Schokolade große Mengen Ein- und Zweifachzucker auf einen Rutsch ins Blut schicken, ermüdet sie, kann irgendwann nicht mehr, im schlimmsten Fall werden Sie Diabetiker und müssen sich das Insulin spritzen.

Lesen Sie die Zutatenliste

Ob in einem Lebensmittel Zucker steckt, ist oftmals auf den ersten Blick nicht erkennbar. Denn auch wenn das Wort »Zucker« nicht in der Zutatenliste auftaucht, versteckt er sich gerne hinter anderen Begriffen, wie zum Beispiel Glukose-(Fruktose-)Sirup, Süßmolkenpulver, Dextrose oder Maltodextrin und Malzextrakt. Stehen diese Zutaten in der Liste auch noch sehr weit vorne, heißt das, dass auch viel davon im Lebensmittel enthalten ist, weil die Zutaten absteigend nach ihrer enthaltenen Menge sortiert sind.

Nie mehr Heißhunger

Ein weiterer Nebeneffekt dieser Blutzuckerspitzen ist der Heißhunger. Denn so schnell, wie der Blutzuckerspiegel ansteigt, genauso schnell fällt er wieder ab, wenn der Insulintaxischwarm die Zuckermoleküle auf einmal abtransportiert. Die Folge: Ihr Körper möchte sich vor dem drohenden Unterzucker schützen und fordert Nachschub an schnell verfügbarer Energie – zum Beispiel in Form von Schokoriegel, Eis, Traubenzucker … ein Teufelskreis, dem Sie aber ganz einfach entgehen, wenn Sie neben den kurzkettigen auch langkettige Kohlenhydrate, sprich Slow Carbs, in Ihren Speiseplan einbauen.

Der glykämische Index

Entscheidend dafür, wie stark Ihr Blutzucker nach einer Mahlzeit ansteigt, ist also nicht nur die Menge der enthaltenen Kohlenhydrate, sondern auch deren Zusammensetzung. Und darüber gibt Ihnen der sogenannte glykämische Index eines Lebensmittels Auskunft. Je niedriger der glykämische Index, desto geringer ist der Blutzuckeranstieg nach dem Verzehr dieses Nahrungsmittels. Glukose hat beispielsweise einen Wert von 100, der als Referenzwert für alle anderen Lebensmittel gilt. Einen hohen glykämischen Index (> 70) haben unter anderem raffinierter weißer Zucker, Kekse, Kuchen, Süßigkeiten, Limonade, Weißmehl, Cornflakes oder Kartoffeln. Lebensmittel mit einem niedrigen glykämischen Index (< 50) sind Fleisch, Fisch, ungezuckerte Milch(produkte) sowie die Slow-Carb-Lieferanten, nämlich ballaststoffreiches Obst und Gemüse sowie Salat, Kleie, Vollkorngetreide, Hülsenfrüchte, Nüsse, Kerne und Samen.

Genießen Sie Süßes als Dessert direkt nach der Slow-Carb-Hauptmahlzeit, so vermischt sich alles im Magen und der Blutzucker steigt nicht so hoch an.

Ein Vorrat für schlechte Zeiten

Dass uns das Essen quasi in den Mund wächst, war nicht immer so. Und für den Fall, dass der Mensch einmal nicht zum nächsten Supermarkt fahren kann, um sich etwas zu essen zu kaufen, kann Ihr Körper Energie horten. Steht gerade mehr Glukose zur Verfügung, als die Zellen tatsächlich benötigen, wandeln Leber und Muskeln sie in den Mehrfachzucker Glykogen um. In dieser Speicherform wartet der Zucker auf ein Energiedefizit. Dann nämlich wird Glykogen wieder in Glukose umgebaut und dient dem Stoffwechsel als Treibstoff. Sind alle Zellen gut versorgt und die Glykogenspeicher voll, wandert der Zucker im Blut zu den Fettzellen und verharrt dort in Gestalt von Fett, bis er gebraucht wird. Ein permanentes Zuviel an Zucker dient folglich dem Hüftgold als Nahrung und erhöht das Risiko, auf Dauer ein ungesundes Übergewicht zu entwickeln.

Die Guten und die Bösen

Sind demnach alle kurzkettigen Kohlenhydrate böse, weil sie uns mit Diabetes und Übergewicht bedrohen, und die langkettigen gut, weil sie den Blutzucker konstant halten und keine Heißhungerattacken auslösen? Nein, hier gibt es kein Gut und kein Böse. Jede Zuckerart hat ihren Sinn, das hat sich die Natur schon ganz klug überlegt. Und es wäre ungerecht, ihr die Schuld in die Schuhe zu schieben für etwas, das in unserer eigenen Verantwortung liegt. Die Natur stellt uns für jede Lebenssituation den passenden Energielieferanten zur Verfügung. Nur weil wir sie falsch nutzen, sind sie noch lange nicht schlecht.

Ein Sportler im Wettkampf braucht auch kurzkettige Kohlenhydrate, um permanent Höchstleistungen abrufen zu können. Ein Mensch mit einer Schreibtischtätigkeit, der sich auch lieber in seiner Freizeit auf die Couch legt, als spazieren zu gehen oder Sport zu treiben, braucht davon eben nur geringe Dosen. Hier macht einfach die Menge das Gift. Und das, was auf Ihren Teller kommt, bestimmen ganz allein Sie!

Trick Nummer 2: Kombinieren Sie süße Früchte mit Eiweiß oder Fett aus Milchprodukten oder Nüssen, um den Blutzucker im Zaum zu halten.

Lassen Sie sich nicht foppen

Die Lebensmittelindustrie bekommt natürlich mit, dass immer mehr Verbraucher auf eine gesunde Ernährung achten und versuchen, ein Zuviel an kurzkettigen Zuckern zu vermeiden. Immer mehr Produkte verführen deshalb mit Aufschriften wie »weniger süß« oder »ungesüßt« zum Kauf. Ersteres bedeutet nur, dass Haushaltszucker durch einen anderen Zucker ersetzt wurde, der zwar weniger süß schmeckt, aber annähernd die gleiche Menge an Kohlenhydraten und Kalorien liefert. Auch die sogenannten »ungesüßten« Lebensmittel haben zum Teil beachtliche Zuckergehalte, die nicht von zugesetztem Zucker, sondern von den natürlichen Zuckergehalten herrühren. Paradebeispiel dafür ist Süßmolkenpulver, das von Natur aus Milchzucker enthält. Nicht zuletzt finden Sie Zucker auch in Lebensmitteln, die nicht süß schmecken. Hier ist die versteckte Süße Geschmacksträger und billiges Bindemittel.

Zurück zur Natur

Wenn Sie genauer nachdenken, liefert die Natur immer Kohlenhydratquellen, die die unterschiedlichen Zuckerarten miteinander kombinieren: Obst liefert zwar Fruchtzucker, obendrein aber auch Ballaststoffe, der Mehlkörper des Getreidekorns wird von einer vitamin- und mineralstoffreichen Slow-Carb-Hülle umschlossen … Wir Menschen sind es, die Zucker raffinieren und Getreide zu weißem Mehl vermahlen. Dabei entstehen Fast-Carb-Bomben, die wir dann auch noch in Kuchen und Keksen miteinander kombinieren. Versuchen Sie einfach, möglichst natürlich zu essen. Frisches Gemüse und Obst, Hülsenfrüchte sowie Mehl aus dem vollen Korn sind Lebensmittel mit einer idealen Kohlenhydrat-Zusammensetzung. Wenn sie die Hauptrolle in Ihrer Küche spielen, dann richtet auch das Stück Torte oder die Rippe Schokolade zwischendurch keinen Schaden an.

Fastfood goes Slow

Ab und zu ein Burger oder ein Hotdog im schwedischen Möbelhaus ist überhaupt kein Problem – den essen schlanke Menschen auch und werden nicht gleich dick und herzkrank. Wer aber regelmäßig an der Frittenbude Kunde ist, sollte an unserer Tauschbörse vielleicht doch mal das eine oder andere Stück Salamipizza gegen unsere Slow-Carb-Alternative eintauschen, die mindestens genauso lecker schmeckt und auch richtig satt macht.

POMMES FRITES MIT KETCHUP UND MAYO

Hier treffen schnelle Kohlenhydrate aus Kartoffelstärke und Zucker im Ketchup auf jede Menge gehärtetes Frittierfett – das ist eine Kombination, die sich sofort auf den Hüften niederschlägt und die auch die Blutgefäße verstopft.

TOPINAMBUR- UND KÜRBIS-STICKS AUS DEM OFEN MIT LINSENKETCHUP **(SIEHE S. 104)**

Die stärkereichen Kartoffeln werden durch ballaststoffreicheren Topinambur und Kürbis ersetzt, die mit einer moderaten Menge Olivenöl vermischt auf dem Blech gebacken werden. Der Linsendip liefert Eiweiß und Slow Carbs vom Feinsten.

SALAMIPIZZA

Weißmehl im Teig, gesättigte Fettsäuren in Salami und Käse, der immer öfter gar kein echter Käse mehr ist, plus künstliche Zusatzstoffe in der Tomatensauce, damit es noch »besser« schmeckt, versorgen den Körper mit allem, was er nicht braucht.

SLOW-CARB-PIZZA (SIEHE S. 112)

Ricotta und Schinken sind fettärmere Eiweißspender, in der Tomatensauce ist nichts außer Tomaten, Kräuter, Knoblauch, Salz und Pfeffer. Artischocken und Vollkornmehl – sie spendieren eine Extraportion Slow Carbs plus Vitamine und Mineralstoffe.

RÄUCHERTOFU-HOTDOG (SIEHE S. 91)

Das Vollkorn-Baguettebrötchen liefert Ballaststoffe und Vitamine. Zusammen mit dem eiweißreichen Räuchertofu ist es ein richtiger Sattmacher. Da machen auch ein paar Röstzwiebelchen aus der Packung überhaupt nichts aus.

HOTDOG

Das Weißmehlbrötchen lässt den Blutzuckerspiegel in die Höhe schnellen, das Würstchen liefert viele gesättigte Fettsäuren. Da hält höchstens das Essiggürkchen eine kleine Vitamin-Flagge hoch. Die nächste Hungerattacke ist so vorprogrammiert!

Ballaststoffe – die Entdeckung der Langsamkeit

Ballaststoffe zählen zu den Mehrfachzuckern und damit zu den Slow Carbs, diese haben aber eine besondere Eigenschaft: Sie sind unverdaulich und versorgen deshalb im Gegensatz zu allen anderen Kohlenhydraten den Körper auch nicht mit Energie. Das ist aber noch lange kein Grund, ihnen gleich den Stempel »unnötiger Ballast« aufzudrücken.

Neben unlöslichen Ballaststoffen liefern Getreide, Kohl und Äpfel Vitamine, Mineralstoffe, Spurenelemente und sekundäre Pflanzenstoffe.

Ballaststoffe beugen Krankheiten vor

Weil Ballaststoffe nicht verdaut werden, passieren sie unversehrt den gesamten Verdauungstrakt bis in den Dickdarm. Auf ihrem Weg dorthin füllen sie erst einmal ordentlich den Magen und machen lange satt, weil sie die Magenentleerung hinauszögern. So verhindern Ballaststoffe Übergewicht, denn wer lange satt ist, isst auch weniger. Obendrein sorgen Ballaststoffe für einen ausgeglichenen Blutzuckerspiegel und bieten damit Diabetes und Heißhungerattacken Paroli. Wer Verdauungsprobleme hat, kann mit den unverdaulichen Kohlenhydraten wieder Schwung in den träge gewordenen Darm bringen. Im Darm angekommen, sind sie zum einen Futter für die nützlichen Darmbakterien, zum anderen binden sie sich an Gallensäuren. Diese gemischten Doppel werden über den Stuhl ausgeschieden. Um Nachschub an Gallensäuren zu produzieren, braucht Ihr Körper Cholesterin, das er sich aus dem Blut holt. Die Folge: Ihr Arzt misst einen niedrigeren Spiegel an schädlichem LDL-Cholesterin. Wer also den Ballaststoffgehalt auf dem Teller hochhält, der beugt auch aktiv Bluthochdruck und koronaren Herzkrankheiten vor.

Lösliche und unlösliche Ballaststoffe

Die in Wasser löslichen Ballaststoffe wie Pektine, Inulin, Oligofruktose oder Agar-Agar sind auch die Ballaststoffe, die den Cholesterinspiegel senken und von den Darmbakterien, insbesondere von den guten Milchsäurebakterien namens Lakto- und Bifidobazillen, verwertet werden. Sie stecken hauptsächlich in Obst, Gemüse und Getreide.

Die wasserunlöslichen Ballaststoffe können dagegen viel mehr Wasser aufnehmen und binden. Dadurch quellen sie auf, lockern den Stuhl und erhöhen das Stuhlvolumen. Das regt den Darm an und macht den Stuhl weich. Von den Darmbakterien werden sie dagegen links liegen gelassen. Die unlöslichen Ballaststoffe wie Zellulose, Hemizellulose und Lignin finden sich vor allem in den Randschichten der Getreidekörner, also in Vollkorngetreide(-Produkten), aber auch in Kohl oder im ungeschälten Apfel.

Wie viele Ballaststoffe braucht der Mensch?
Ernährungsexperten empfehlen, dass der Speiseplan Ihren Körper mit mindestens 30 g Ballaststoffen pro Tag versorgen sollte. Die Realität sieht jedoch anders aus: 75 Prozent der Frauen und 68 Prozent der Männer liegen der Nationalen Verzehrsstudie II zufolge unter diesem Richtwert. Bei ihnen kommen viel zu wenig Obst, Gemüse, Hülsenfrüchte, Nüsse, Samen und Vollkornprodukte auf den Tisch.

Zwei bis drei Becher Naturjoghurt am Tag sind preiswerte Probiotika pur, ganz ohne Zucker und künstliche Zusatzstoffe.

Präbiotische Lebensmittel – Fluch oder Segen?
Präbiotika sind Ballaststoffe, die einer gesunden Darmflora zugutekommen. Dazu gehören unter anderem Inulin und Oligofruktose, die von der Dickdarmflora fermentiert werden. So entsteht ein Milieu, in dem sich vor allem die gesundheitsfördernden Bifidobakterien und Laktobazillen wohlfühlen und vermehren. Gleichzeitig sinkt die Zahl der krank machenden Bakterien, und die Mineralstoffe Eisen, Kalzium und Magnesium können vom Dickdarm aus viel effektiver ins Blut driften. Zudem sollen Präbiotika helfen, Krebs vorzubeugen. Aber braucht es dafür spezielle Lebensmittel? Im Handel gibt es zum Beispiel kleine Trinkjoghurts, die mit Präbiotika angereichert sind. Den gesundheitlichen Nutzen lassen sich die Hersteller teuer bezahlen, obendrein bekommen Sie aber noch einen Haufen Zucker mitgeliefert. Holen Sie sich lieber die Präbiotika aus der Natur auf den Teller: Topinambur, Schwarzwurzeln, Artischocken und Chicorée sind dafür Top-Lieferanten.

Und wie steht es mit Probiotika?

Probiotika sind Produkte, die lebende Bakterienstämme in so großer Zahl enthalten, dass viele davon den Weg durch den Verdauungstrakt unbeschadet zurücklegen und lebend im Dickdarm ankommen. Dort sollen sie ihre gesundheitsfördernde Wirkung entfalten, indem sie sich positiv auf die Darmflora auswirken, das Immunsystem stärken, die Verdauung regulieren und Darmerkrankungen vorbeugen. Im Supermarktkühlregal finden Sie natürliche Probiotika in Form von Joghurt, Buttermilch, Quark oder Kefir.

Slow Carbs sind …

… Entschleuniger für den Blutzuckerspiegel

Die langkettigen Kohlenhydrate müssen von den Verdauungsenzymen erst in kleinere Portionshäppchen aufgespalten werden, damit sie die Darmwand überhaupt passieren können. Das dauert seine Zeit, und so wandern immer nur kleine Zuckerportionen vom Darm ins Blut. Die Folge: Der Blutzucker steigt nicht rasant in die Höhe. Im Gegenteil: der Blutzuckerspiegel hält einigermaßen konstant sein Niveau, das ist eine entspannte Situation für den gesamten Stoffwechsel, der da ganz ähnlich tickt wie der Mensch als Ganzes: Konstanz verhindert Stress.

Wasser liefert keine Energie, aber Ihr Körper muss pro 100 ml zehn kcal Energie aufwenden, um es in den Stoffwechsel aufzunehmen.

… Beschleuniger für den Darm

Die unverdaulichen Ballaststoffe gelangen bis in den Dickdarm und werden dort von den Darmbakterien verstoffwechselt. Ballaststoffe binden Flüssigkeit und quellen dadurch im Verdauungstrakt auf. So erhöht sich das Volumen des Stuhls, und dieser wird weicher. So wird das tägliche Geschäft von der harten Arbeit zur lockeren Nebentätigkeit.

… Sattmacher

Ballaststoffe sind Pflanzenfasern, die gut gekaut werden wollen. Das regt den Speichelfluss an und damit auch die Aktivität der Verdauungsenzyme, die sich darin befinden. Sie essen automatisch langsamer, weil Sie jeden Bissen besser kauen müssen. So realisieren Sie auch, wann Sie wirklich satt sind. Hinzu kommt, dass Ballaststoffe im Magen-Darm-Trakt Wasser aufnehmen und quellen. Der Bauch ist also auch schneller gefüllt und fühlt sich lange satt.

… Nährstoffpostboten

In Schrot, Vollkornmehl und -flocken steckt das ganze Korn samt der Schale. Und die Randschichten des Getreidekorns enthalten die wertvollen Ballaststoffe sowie B-Vitamine, Vitamin E, ungesättigte Fettsäuren, Magnesium, Eisen, Kalzium und Phosphor.

Slow Carbs wollen schwimmen

Ballaststoffe brauchen zum Quellen viel Flüssigkeit. Wenn Sie mindestens 1,5 Liter am Tag trinken – es darf auch gerne ein bisschen mehr sein, machen Sie sich die positiven Eigenschaften dieser unverdaulichen Kohlenhydrate zunutze. Zu wenig Flüssigkeit verhärtet den Darminhalt und die Verdauung gerät ins Stocken. Trinken Sie Wasser und ungesüßten Tee als Durstlöscher. Saftschorlen möglichst nur ab und zu trinken.

Die 5 Slow-Carb-Gebote

Klar, unsere Rezepte in diesem Buch bieten viele Anregungen, wie Sie Slow Carbs in Ihr Leben bringen können. Aber jeder hat seine Lieblingsgerichte. Und wie Sie diese, wenn Sie möchten, in Sachen Kohlenhydrate entschleunigen, sagen Ihnen unsere Slow-Carb-Gebote. Sie sind der Mini-Leitfaden, an dem Sie sich einfach entlanghangeln, wenn Sie Klassiker ins Slow-Carb-Gewand hüllen oder ganz einfach Ihre eigenen Rezepte kreieren wollen.

Drei, zwei, eins – meins! Orientieren Sie sich an diesem Teller: drei Teile Gemüse, zwei Teile Eiweiß und ein Teil Kohlenhydrate.

1. Tauschen Sie Weißmehl gegen Vollkornmehl

Weizen- oder Dinkelvollkornmehl sind prima Alternativen zum normalen Weizenmehl Type 405, denn sie brauchen vielleicht ein bisschen mehr Flüssigkeit, bis ein glatter Teig entsteht, haben aber ansonsten dieselben Backeigenschaften wie das ballaststoffarme Mehl. Das liegt am enthaltenen Kleber, der Weizen- und Dinkelteige durch Zugabe von Hefe oder Backpulver so schön aufgehen lässt. Roggen(vollkorn-)mehl braucht dafür zusätzlich Sauerteig als Gehhilfe.

2. Ersetzen Sie tierische Fette

Geben Sie Butter und Butterschmalz zum Braten an der Slow-Carb-Tauschbörse ab und nehmen Sie stattdessen pflanzliche Öle mit einem Fettsäuremuster, das wesentlich gesünder für das Herz und die Blutgefäße ist. Und Finger weg von Margarine. Sie ist zwar pflanzlich, aber um sie streichfähig zu machen, werden die Öle gehärtet. Dabei entstehen gesundheitsschädliche Transfettsäuren. Und bevor Sie diese Fettsäuren essen, streichen Sie sich lieber einen Klecks gute Butter aufs Brot!

3. Schrumpfen Sie die Kohlenhydratbeilage

Normalerweise rechnet man pro Person ca. 125 g rohe Nudeln. Aber bedenken Sie: Die Vollkornvariante sättigt schneller, und zusätzliches Eiweiß sowie die Ballaststoffe aus Gemüse und Hülsenfrüchten, die auf dem Teller die Hauptrolle spielen sollten, füllen den Magen zuverlässig und ausdauernd. Da reichen auch locker 70 g Vollkornnudeln oder Naturreis.

4. Erhöhen Sie die Gemüseportion

Integrieren Sie in Ihre eigenen Rezepte viel Gemüse, am besten kunterbunt gemischt, denn so kriegen Sie nicht nur eine ordentliche Portion Slow Carbs geliefert, sondern obendrein eine ganze Bandbreite an den lebenswichtigen Vitaminen, Mineralstoffen und Spurenelementen.

5. Entlarven Sie versteckte Fette

Verfallen Sie bitte nicht dem Magerstufenwahn. Und wenn Sie gerne Salami essen, dann tun Sie das auch weiterhin – aber eben in Maßen. Ansonsten überlegen Sie, ob das Gericht nicht mit Lachsschinken anstelle der Salami auch lecker schmecken könnte.

Welche Nährstoffe liegen noch auf dem Teller?

Kohlenhydrate sind nicht die einzigen Nährstoffe, aus denen Ihr Körper Energie gewinnt. Zu diesen sogenannten Hauptnährstoffen, die den Stoffwechsel am Lodern halten, zählen ebenso Eiweiß (Proteine) und Fett.

Bei der Kombi von tierischen und pflanzlichen Eiweißquellen, verwertet der Körper die Proteine besonders gut, da sich ihre Aminosäuremuster ergänzen.

Eiweiß

Das Wort Proteine rührt vom griechischen Wort »protos« her, das so viel bedeutet wie »das Erste« oder »das Wichtigste«. Ein kleiner Deut darauf, welchen Stellenwert die Proteine in der Natur haben. Nicht umsonst spricht die Wissenschaft auch von den Bausteinen des Lebens.

Der Mensch selbst besteht zu etwa 15 Prozent aus Eiweiß, 40 Prozent davon stecken allein in den Muskeln, der Rest in allen anderen Körperzellen, von der Haut- über die Muskel- bis zur Blutzelle, in Enzymen, Antikörpern und Hormonen. Proteine ermöglichen oder beschleunigen chemische Prozesse im Körper. Ohne die Proteine Aktin und Myosin könnten sich Ihre Muskeln nicht zusammenziehen, ohne Hämoglobin fehlten die Sauerstofftaxis im Blut, und ohne Ferritin gäbe es keinen Eisenspeicher in Ihrem Körper. Und nicht zuletzt liefert jedes Gramm Eiweiß vier Kilokalorien Energie zum Leben.

Sie müssen die Maschine am Laufen halten!

Proteine, also die Eiweißmoleküle, setzen sich aus einzelnen Bausteinen zusammen. Zur Auswahl stehen 21 verschiedene Modelle, die im Fachjargon Aminosäuren heißen. Acht davon sind essenziell, das heißt, der Körper kann sie nicht selbst herstellen. Sie müssen also Isoleucin, Leucin, Lysin, Methionin, Valin, Tryptophan, Phenylalanin und Threonin über die Nahrung aufnehmen, um sie dem Körper als Baustoff zur Verfügung zu stellen. Je nachdem, wie die Aminosäuren dann miteinander kombiniert werden, entstehen Proteine mit den unterschiedlichsten Spezialgebieten. Die einen stärken das Immunsystem, andere bauen neue Zellen auf, wieder andere reparieren kaputte Zellen ...

Die wichtigsten Eiweißquellen

Füllen Sie Ihr Baustofflager also mehrmals täglich in kleinen Portionen aus verschiedenen Eiweißquellen auf, denn sie liefern ganz unterschiedliche Aminosäuren. Grundsätzlich kann der menschliche Körper tierisches Eiweißes aus Fisch, Fleisch, Eiern, Milch und Milchprodukten besser verwerten als pflanzliches Eiweiß aus Nüssen, Samen, Kernen, Getreide, Kartoffeln und Hülsenfrüchten, weil seine Struktur

Zählen Sie kein Fett, genießen Sie es – mit hochwertigen Ölen, fettreichem Fisch und Bio-Käse.

der des menschlichen Eiweiß ähnlicher ist. Aber mit einer ausgewogenen Mischung aus pflanzlichem und tierischem Eiweiß sind Sie immer top versorgt.

Fette

Die meisten wissen nur, dass Fett viele Kilokalorien liefert – pro Gramm nämlich neun. Das ist aber noch lange kein Grund, Angst vor Fetten zu haben. Obendrein macht Fett nämlich die Vitamine A, D, E und K erst für den Körper nutzbar. Es kitzelt als Geschmacksträger alle wunderbaren Aromen aus den leckeren Speisen für den Gaumen heraus. Es liefert essenzielle Fettsäuren, die der Körper nicht selbst herstellen kann, es schützt Sie vor Kälte, polstert Ihre Organe in ein weiches sicheres Nest und ist Baustoff für die Zellwände.

Die Frage ist nicht ob, sondern welches?

Fette sind lebensnotwendig und dürfen auf dem Speiseplan nicht fehlen. Viel wichtiger als Fettaugen zu zählen wäre, genauer auf die Auswahl der Fette zu achten, die auf den Tisch und in die Pfanne kommen. Die Hauptrolle sollten pflanzliche Fette in Form von kalt gepresstem Raps-, Distel-, Oliven- oder Leinöl, Nüssen und Samen in Ihrer Küche spielen. Denn sie sind die wichtigsten Lieferanten essenzieller Fettsäuren. Zudem haben sie positive Auswirkungen auf den Cholesterinspiegel, weil sie das sogenannte »schlechte« LDL-Cholesterin verringern. Aus der Gruppe der tierischen Fette dürfen gerne fette Seefische wie Lachs oder Makrele auf den Teller, die ebenfalls herzgesunde Omega-3-Fettsäuren liefern. Vorsichtiger sollten Sie beim Verzehr von fettem Fleisch, Wurst, Butter(schmalz) oder fettem Käse sein. Denn darin stecken mehr gesättigte als ungesättigte Fettsäuren, die sich gerne direkt in den Fettpolstern verankern, Blutfettwerte negativ beeinflussen und Herz-Kreislauf-Erkrankungen Vorschub leisten.

Gehärtete Fette und Palmöl, nein danke!

Lassen Sie Ihrem Körper zuliebe die Finger von gehärteten Fetten. Sie sind zwar pflanzlichen Ursprungs, enthalten aber kaum mehr ungesättigte Fettsäuren, dafür umso mehr ungesunde Transfettsäuren. Weil sie billig in der Herstellung und einfach in ihrer Weiterverarbeitung sind, greift die Lebensmittelindustrie häufig zu gehärteten Fetten als Rohstoff für Fertiggerichte, Eis, Schokolade, Kekse, Margarine …

Ebenso gerne gesehen in der Fertigproduktindustrie ist Palmöl, das aber nicht nur in Lebensmitteln, sondern auch in Kosmetika oder Kerzen Verwendung findet. Wegen der großen Nachfrage muss der tropische Regenwald weichen, um den Ölpalmen Platz zu machen. Werden dafür kohlenstoffreiche tropische Torfmoorböden trockengelegt, wird eine riesige Menge Treibhausgas in die Atmosphäre entlassen. Was das bedeutet, wissen Sie ja. Wo es geht, verzichten Sie der Umwelt zuliebe auf Produkte, die »vegetabiles Fett« oder »pflanzliches Öl« als Zutat ausweisen.

Was ist Slow Carb?

1
SLOW CARB HEISST NATÜRLICH KOCHEN

Kochen Sie am besten selbst: Verzichten Sie auf künstliche Zusatzstoffe wie Geschmacksverstärker, Aroma-, Farb- und Süßstoffe in den Lebensmitteln. Kaufen Sie nur Produkte, die ohne Zutatenliste auskommen: Gemüse, Obst, Fisch, Fleisch, Milchprodukte mit natürlichem Fettgehalt, Getreide, Hülsenfrüchte, Kräuter – und zaubern Sie daraus, was Ihnen besonders gut schmeckt.

2
AM BESTEN KEINE FERTIGPRODUKTE

In tiefgekühlter Pizza, Mikrowellen-Currywurst und Tütensuppe suchen Sie Slow Carbs vergebens. Stattdessen finden Sie Glutamat und E-Nummern. Dabei stehen bereits in 20 Minuten viel feinere Gaumenfreuden aus frischen Zutaten auf dem Tisch. Zeit sparen dürfen Sie gerne mit sinnvollen Halbfertigprodukten (z. B. Tomaten, Kichererbsen oder Bohnen aus der Dose und TK-Gemüse).

3
GANZ NEBENBEI SCHLANK WERDEN

Slow Carbs machen satt, beruhigen den Blutzucker, und der Geschmackssinn kann wieder seinen Urinstinkten folgen, weil er nicht durch künstliche Aromen getäuscht wird. Sie bekommen automatisch auf das Appetit, was der Körper gerade braucht – essen nicht mehr ins Blaue hinein. Es ist kaum zu glauben, wie viele unnötige Kalorien Sie auf diese Weise sparen.

4
SLOW CARB IST KEINE DIÄT …

… sondern eine Ernährung für das ganze Leben. Sie ist gesund, ausgewogen, und die Familie kann mitessen. Dafür gibt es Rezepte mit zahlreichen Varianten, die Klein bis Groß schmecken. Lassen Sie Ihre Kinder beim Zubereiten der Speisen teilnehmen, egal ob als Küchenhilfe oder Zaungast, so probieren sie viel lieber und lernen den respektvollen Umgang mit Lebensmitteln.

5
NOCH VIEL MEHR AKTIVITÄT

Wer sich ausgewogen ernährt, wird unternehmungslustiger und macht wieder Sport. Denn ein ausgeglichener Blutzuckerspiegel macht Sie leistungsfähiger, und gut versorgte Körperzellen strotzen vor Energie. Gleichzeitig weckt ein Umdenken in der Ernährung das Interesse, ganzheitlich mehr für Körper und Seele zu tun – und dazu gehört auch Bewegung … Suchen Sie sich etwas aus, das Ihnen Spaß macht.

6
EXPERIMENTIEREN MACHT FREUDE

Wer das Prinzip verstanden hat, wird bald seine Lieblingsrezepte in Slow Carb umwandeln (siehe S. 15) oder neue eigene Rezepte kreieren. Sie werden staunen, welche Geschmacksvielfalt sich Ihnen jeden Tag aufs Neue bietet. Denn auch wenn Sie zweimal das gleiche Gericht kochen, schmeckt es jedes Mal ein bisschen anders. Ist Ihnen das bei der TK-Salamipizza auch schon passiert?

Die Top 12

SLOW-CARB-QUELLEN

1
TOPINAMBUR

Die leicht süßlich schmeckende Knolle stiehlt in der Slow-Carb-Küche Schwesterchen Kartoffel die Show. Denn 15 g Ballaststoffe pro 125 g sind eine Kampfansage, mit der der Erdapfel (3 g Ballaststoffe/125 g) nicht mithalten kann. Verantwortlich für diesen Top-Gehalt an Slow Carbs ist das Inulin, ein Vielfachzucker, der den Blutzucker nicht beeinflusst.

2
ARTISCHOCKEN

So nützlich und lecker kann »Unkraut« sein. Liefert die Frucht einer distelartigen Pflanze doch satte 14 g Ballaststoffe pro 125 g, gleichzeitig senkt ihr Genuss den Cholesterinspiegel. Die meisten Nährstoffe stecken in frisch zubereiteten Artischocken – das ist aber ein etwas aufwendiges Geschäft. Darum darf's auch gerne der Griff zur Konserve mit den feinen Artischockenherzen sein.

3
HAFERFLOCKEN

Ballaststoffreich (13 g/125 g), vitamin-B- und mineralstoffreich, stärken sie uns von Kindesbeinen an in Haferschleim, Müsli und Brot. Darum sind sie unser Parade-Slow-Carb-Lieferant unter den Vollkorngetreiden. Ebenfalls top sind Naturreis, Kleie, Graupen, Weizenkeime, Hirse, Quinoa und Bulgur, die Abwechslung auf den Teller bringen.

4
KICHERERBSEN

Neben 12 g Ballaststoffen versorgen 125 g getrocknete Kichererbsen den Körper mit wertvollem Eiweiß, B-Vitaminen und Folsäure. Zuvor müssen sie über Nacht eingeweicht und gekocht werden, um das enthaltene Phasin zu zerstören. Blitz-Slow-Carber greifen zur Kichererbse in der Dose oder zu roten Linsen, grünen Bohnen oder grünen Erbsen.

5
APRIKOSEN

Vitamine und Naschen – kein Slogan würde besser zu Trockenobst passen als dieser. In Kompaktform spendieren sie von der Hand in den Mund eine Extraportion Ballaststoffe (10 g/125 g), Vitamine und Mineralstoffe, aber auch Fruchtzucker. Deshalb in Maßen am besten in Kombination mit Eiweiß (Milchprodukten, Nüssen) genießen. Auf ungeschwefelte Ware achten.

6
HASELNÜSSE

Sie sind kleine Kalorienbömbchen, weil sie voller ungesättigter Fettsäuren stecken, die nicht dick, sondern gesund machen. Mit 10 g Slow Carbs pro 125 g machen sie in Müsli und Brot, als Snack zwischendurch oder als Topping auf Fleisch, Fisch und Salaten richtig satt und regen die Verdauung an. Geröstet entfalten sie noch wesentlich mehr Aroma.

7
AUSTERNPILZE

Eiweißreich und ballaststoffreich (8 g/125 g) sowie gleichzeitig fettarm sind Austernpilze, Steinpilze, Kräuterseitlinge, Pfifferlinge und Champignons wunderbare Sattmacher. Geschmacklich harmonieren sie mit asiatischen Gewürzen (Curry, Ingwer) genauso wie mit mediterranen (Thymian, Rosmarin) oder einheimischen Kräutern (Petersilie).

8
LEINSAMEN

In Kombination mit Flüssigkeit quellen vor allem geschrotete Samen dank der enthaltenen Schleimstoffe im Darm auf und bringen die Verdauung in Schwung. Mit einer Portion Lein-, Chia-, Hanf-, Mohn- oder Sesamsamen, Sonnenblumen- oder Kürbiskernen in Müsli oder Brot sammeln Sie jede Menge Slow-Carb-Pluspunkte.

9
BEEREN

Beeren sind die Slow-Carb-Sommer-Früchtchen schlechthin. Die darin enthaltenen Vitamine, Antioxidantien, Flüssigkeit, Mineral- und Ballaststoffe (6 g/125 g) sättigen bei warmen Temperaturen auf leichte Art und Weise. In der üppigen Beerensaison haben Sie nur noch die Qual der Wahl: Stachel-, Heidel-, Johannis-, Him-, Brom- oder Erdbeeren?

10
PAPRIKASCHOTEN

Aus Fruchtgemüse wie Paprika (4 g Ballaststoffe/125 g), Fenchel, Auberginen, Zucchini, Tomaten oder Kürbis lassen sich quer durchs Jahr pur oder in Kombination mit Fleisch, Fisch, Käse, Getreide oder Hülsenfrüchten abwechslungsreiche Slow-Carb-Gerichte zaubern. Am besten für Top-Gehalte an Vitaminen und Geschmack regional und saisonal einkaufen.

11
WIRSING

Genau dann, wenn wir es brauchen, reift das vitamin-C-reiche Herbst- und Wintergemüse Kohl heran, um unser Immunsystem für die kalte Jahreszeit zu wappnen. Eine Prise Kümmel macht die Ballaststoffe aus Wirsing (3 g/125 g), Weiß- und Rotkohl sowie Rosenkohl bekömmlicher. Top im Frühling und Sommer: Kohlrabi, Brokkoli, Blumenkohl.

12
APFEL

Er ist das ganze Jahr erhältlich und Genuss sowie Gesundheit (3 g Ballaststoffe/125 g, Vitamine, Mineralstoffe) pur. Der Apfel schmeckt so wie er ist, aber auch als Mus, im Müsli oder in Gebäck. Generell passt Obst gut ins Slow-Carb-Konzept – Top-Ballaststoffe liefert auch die Avocado mit 8 g/125 g. Wer abspecken möchte, sollte zuckerreiche Sorten wie Bananen oder Kakis meiden.

Was unterscheidet Slow, Low und No Carb?

No Carb – »komplett« ohne

Sich ohne Kohlenhydrate zu ernähren bedeutet Verzicht auf alle Lebensmittel, die Zucker oder Stärke enthalten. Dabei fallen nicht nur Süßigkeiten, Brot, Nudeln und Reis vom Teller, sondern auch Gemüse und Obst. Übrig bleiben Fleisch, Meeresfrüchte, Eier, Käse und Fette. Der Hintergedanke dabei: Wenn Sie dem Körper keine Kohlenhydrate mit der Nahrung

Auf diesem Bild fehlt eine Farbe – und zwar: bunt! Her mit viel Gemüse, Hülsenfrüchten und Vollkornprodukten! So kommt Gaumenfreude auf.

mehr liefern, greift er auf die Kohlenhydratspeicher (Glykogen) in Leber und Muskeln zurück. Denn vor allem unser Gehirn braucht Kohlenhydrate, um funktionieren zu können. Sind auch diese Speicher geleert, muss der Körper einen Umweg gehen, um an den lebenswichtigen Zucker zu gelangen. Er holt sich Fettsäuren aus unserem Hüftgold und bastelt daraus in der Leber sogenannte Ketonkörper, die er in Glukose, also Zucker, umbauen kann.

Vorteile: Die Kilos purzeln schnell, und der Blutzuckerspiegel gerät nicht aus den Fugen.

Nachteile: So zu essen ist langweilig! Und kein Mensch möchte sich sein Leben lang so ernähren, wenn er nicht gerade ein Inuit ist und keine andere Möglichkeit dazu hat. Wer diese Ernährungsform demnach als Diät nutzt, sollte dies nicht ohne ärztliche Begleitung tun. Und es kann gut sein, dass hinterher die verlorenen Kilos bald wieder drauf sind, weil sich keine dauerhafte Ernährungsumstellung manifestiert, kein Lerneffekt einstellt. Das viele tierische Fett, das auf den Teller kommt, erhöht zugleich das Risiko für Herz-Kreislauf-Erkrankungen. Obendrein fehlen wichtige Vitamine aus Obst, Salat und Gemüse. Wollen Sie stattdessen lieber Nahrungsergänzungsmittel nehmen oder rohe Leber essen? Also uns wäre da ein Apfel schon wesentlich lieber.

Low Carb – darf's etwas mehr sein?

Im Gegensatz zu No Carb spielen hier Gemüse und Salat die Hauptrolle – abgesehen von den stärkereichen Sorten, wie Kartoffeln, Möhren oder Kürbis, die dürfen nur in kleinen Mengen auf den Teller. Auch zuckerarmes Obst (z. B. Beeren, Orangen) und Eiweißlieferanten, wie Fisch, Fleisch, Milchprodukte, Nüsse und Samen, sind gern gesehene Zutaten bei der Menüplanung. Nur moderat sollten Sie in der Low-Carb-Philosophie Hülsenfrüchte und Vollkornprodukte essen. Weißmehl und Zucker sind tabu.

Vorteile: Low Carb ist eine sehr abwechslungsreiche

Lieblingsspeise ade? Nein, warum auch? Denn da sind wir uns mit Herrn Ferriss einig: Schlampertage machen das Leben nur noch schöner.

Ernährungsform, die langfristig helfen kann, Gewicht zu verlieren und das erlangte Wunschgewicht am Ende auch zu halten. Typ-2-Diabetiker können ihren Blutzuckerspiegel mit Low Carb oftmals so gut in den Griff kriegen, dass sie dafür keine Medikamente mehr brauchen.

Nachteile: Sich an die Low-Carb-Regeln zu halten erfordert schon eine gewisse Disziplin. Der sehr geringe Kohlenhydratgehalt der Speisen kann zu Unzufriedenheit führen, weil der schöne Pastateller oder das Croissant fehlt.

Slow Carb – eine Portion Entschleunigung!

Zehn Kilogramm weniger in 30 Tagen verspricht Timothy Ferriss in seiner Slow-Carb-Diät und verbietet jegliches Getreide und Produkte daraus – sogar in der Vollkornvariante, Kartoffeln, Obst und kalorienhaltige Getränke. Er empfiehlt, immer wieder die gleichen Mahlzeiten, bestehend aus einem Pool erlaubter Lebensmittel, zu essen. Diese Speisen sollten sich stets aus Eiweiß-, Hülsenfrucht- und Gemüsekomponente zusammensetzen. Obendrein verordnet er Nahrungsergänzungsmittel, um die Folgen seiner eintönigen Mahlzeitengestaltung auszugleichen, und einen Schlampertag pro Woche, an dem Sie essen dürfen, was Sie wollen, als Kalorientraining für den Stoffwechsel, das den Abnehmeffekt unterstützen soll. Und: Haben Sie darauf Lust bekommen?

Wir nicht. Darum interpretieren wir Slow Carb anders. Nicht als Diät. Wir wollen nämlich nicht zehn Kilo in 30 Tagen abnehmen, um sie in den darauffolgenden Tagen wieder draufzufuttern, wir wollen keine Langeweile bei einer der schönsten Sache der Welt und wir wollen keine Nahrungsergänzungsmittel. Unsere Gerichte sollen einfach nur gut schmecken und Ihnen nebenbei eine ausgewogene Mischung aus Eiweiß, Fetten und Slow Carbs liefern. Wir wollten kein Diät-, sondern ein Kochbuch schreiben. Nicht jeder, der seine Ernährung in Richtung gesund switchen möchte, muss auch abnehmen. Wer trotzdem die Kohlenhydrate reduzieren möchte, der kann sich unsere Low- bzw. No-Carb-Tipps bei den Rezepten zu Hilfe nehmen. Bei uns gibt es kein Müssen, nur ein Dürfen. Sie wollen die Rezepte im Buch einfach nach Herzenslust kombinieren? Sehr gerne, tun Sie das. Sie wollen morgens, mittags oder abends Kohlenhydrate reduzieren? Dann tun Sie das. Sie wollen mal nichts aus diesem Buch essen? Einverstanden.

6 Tipps

FÜR ALLE, DIE MIT SLOW CARB ABNEHMEN MÖCHTEN

1 NUR WENIGE MAHLZEITEN

Ideal sind drei Hauptmahlzeiten mit vier bis fünf Stunden Pause dazwischen. Wenn Sie essen, schüttet der Körper Insulin aus, das den Zucker, der nach der Mahlzeit im Blut schwimmt, in die Zellen transportiert. Insulin im Blut stoppt den Fettabbau. Längere Pausen zwischen den einzelnen Mahlzeiten kurbeln also die Fettverbrennung an.

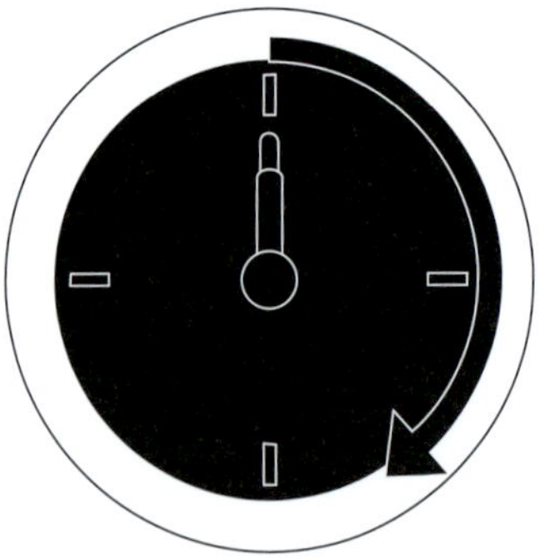

2 SCHLAMPERTAGE ERWÜNSCHT!

Die machen schlanke Menschen auch und werden dabei nicht dick. Slow Carb kann Sie ein ganzes Leben lang begleiten, aber muss man deshalb an Weihnachten auf Plätzchen und Lebkuchen verzichten? Nein!

3 STOFFWECHSEL IN SCHWUNG BRINGEN

Wer seine Ernährung umstellt und gleichzeitig etwas mehr Bewegung in seinen Alltag integriert, der baut Muskeln auf und bringt damit den Stoffwechsel in Gang – zum Abnehmen nicht zwangsläufig ein Need-to-have, aber definitiv ein Nice-to-have. Denn Bewegung macht nicht nur schlank, sondern auch zufrieden und gute Laune.

4
KOMBINATION MIT LOW BZW. NO CARB

Wer den Fatburner-Effekt verstärken möchte, der isst dreimal die Woche abends und nach Belieben am nächsten Morgen eine Low- oder No-Carb-Mahlzeit. So verlängern Sie die insulinfreie Zeit um viele Stunden – ein Booster für die Fettverbrennung. Aber nicht komplett auf Kohlenhydrate verzichten, darunter leiden Ihre Konzentrations- und Leistungsfähigkeit.

5
NUR WENN SIE SICH DAMIT WOHL FÜHLEN

Wichtig ist, dass Sie sich wohlfühlen. Suchen Sie sich aus, was gut zu Ihnen passt. Sie brauchen eine Zwischenmahlzeit? Gerichte ohne Kohlenhydrate gehen für Sie gar nicht? No oder Low Carb abends ja, morgens nein? Dann leben Sie es so. Stellen Sie sich mit unseren Rezepten einen Wochenplan zusammen. Lieber geht es langsamer, aber Sie erreichen glücklich und zufrieden Ihr Ziel.

6
MIT SLOW CARB JOJO-EFFEKT ADE!

Slow Carb forever! Die Wissenschaft hat festgestellt, dass ein hoher Eiweißanteil und gleichzeitig ein niedriger glykämischer Index der Mahlzeiten den Jojo-Effekt nach der Abnahme verhindern. Essen Sie also einfach Slow Carb weiter, wenn Sie Ihr Wunschgewicht erreicht haben. Ihr Körper wird es Ihnen danken.

Slow Carb to go

Bevor Sie angefangen haben, sich Gedanken über die Ernährung zu machen, war es einfach, unterwegs zu essen: Leberkäsesemmel vom Metzger, Pizzazunge oder belegtes Brötchen von der Bäckerei, Pommes und Currywurst oder Döner am Imbiss – von überallher lockten deftige Versuchungen, vor allem wenn Sie mit einem richtig großen Loch im Bauch durch die Straßen gingen. Viele schnelle Kohlenhydrate

Haben Sie auch ein Mandarinenbrot-Trauma, weil Mama alles in eine Dose gequetscht hat? Das kann bei Trennwandboxen nicht passieren.

und gesättigte Fettsäuren, aber wenig Vitamine und Mineralstoffe auf einem Haufen. Nicht gerade der effektivste Treibstoff, um die leeren Akkus für die zweite Hälfte des (Arbeits-)Tages wieder aufzufüllen, macht einen diese Kombination doch eher träge. Aber welche Alternativen bieten sich, um den Hunger mit Slow Carb to go auch gut zu stillen?

Mittagstische nutzen

Viele Lokale und Cafés bieten günstige Mittagstische an. Klar, nicht überall gibt es als Beilage Nudeln, Reis oder Brot in der Vollkornvariante. Wählen Sie im Café einfach einen üppigen Salat, beim Thailänder oder Inder ein Curry mit viel Gemüse oder beim Griechen gegrillten Fisch oder Suflaki mit Salat oder Ofengemüse. Dazu reicht ein Scheibchen Brot oder ein Häuflein Reis auch zum Sattwerden, und die paar einfachen Kohlenhydrate sind dann auch kein Weltuntergang. Dafür haben Sie für fünf bis sechs Euro reichlich Gemüse-Ballaststoffe und Eiweiß getankt – ganz ohne Völlegefühl.

Supermarkt und Bäcker

Wer im Büro die Möglichkeit hat, eine Kleinigkeit selbst zuzubereiten, der findet im Supermarkt die passenden Zutaten für: Mango-Avocado-Caprese, Antipasti-Wrap oder Bohnen-Thunfisch-Salat (siehe S. 55). Einkaufen, Zubereiten und Genießen schafft man locker in einer Stunde Pause – ganz nebenbei hilft der kleine Spaziergang an der frischen Luft auch noch beim Abschalten. Aber auch die Supermarkt-Kühltheken und Bäckereien bieten inzwischen eine passable Auswahl an Slow-Carb-Snacks: Quinoa- oder Bulgursalat, Antipasti-Gemüse, Bircher Müsli oder Smoothies stehen verzehrfertig bereit. Wenn man Glück hat, bekommt man so auf die Schnelle eine leckere Einigermaßen-Slow-Carb-Mahlzeit, und mit noch mehr Glück ist sie ohne künstliche Zusatzstoffe und Zucker.

Transportbehälter für Slow-Carb-Mahlzeiten to go sollten dicht schließen. Das Bügelverschluss-Einmachglas leistet dafür gute Dienste.

Kantine

Die meisten Kantinen sind inzwischen gar nicht mehr so schlecht wie ihr Ruf. Eine Salattheke findet man zumindest in den meisten. Dort können Sie aus dem Vollen schöpfen. Bevorzugen Sie Gerichte mit viel Gemüse. Nette Kantinenmitarbeiter lassen auch mit sich sprechen und packen auch mal mehr Gemüse und weniger Nudeln auf den Teller. Frittiertes lassen Sie am besten gleich links liegen.

Imbiss

Der Duft am Dönerstand ist allzu verführerisch? Dann sollten Sie auch nicht daran vorbeigehen. Slow Carb wird der Döner, wenn Sie ihn ohne Brot, dafür mit einer Extraportion Salat bestellen. Und wenn Sie mal Lust auf einen Burger haben, ergänzen Sie das Menü eben statt mit Pommes und Cola mit einem Salat und Wasser. Inzwischen gibt es in den Städten sogar richtige De-luxe-Burger-Lokale, die größten Wert auf Qualität legen. Hier werden die Brötchen selbst gebacken und die Saucen vom Koch zubereitet. Auf der Karte stehen Burger für Fleisch-Fans, Vegetarier und Veganer. Auch Burger ohne Brötchen sind im Angebot und werden in ansprechender Atmosphäre serviert. So geht Fastfood wirklich slow, hilft aber trotzdem gegen Burger-Jieper und ist eine echte Alternative zu Billigangeboten.

Slow Carb to go sicher transportieren

Das richtige Transportgeschirr ist für mitgebrachte Snacks sehr wichtig. Für Salate gibt's eigene Lunch-Bowls, die mit einer Schüssel für das Gemüse, einem dicht schließenden Döschen für das Dressing und einem im Deckel integrierten Besteck das Rundum-sorglos-Paket bieten. Thermobehälter helfen, die Snacks warm oder kalt zu halten. Prima, wenn diese sich in mehreren Etagen stapeln lassen, sodass sich Obstsalat und Quarkcreme oder Fleisch, Gemüse und Dip getrennt voneinander transportieren lassen. Smoothies am besten gut gekühlt in einem auslaufsicheren Thermobecher mitnehmen.

PUMPERNICKEL-BURGER

ZUCCHINIRÖLLCHEN

BUNTE BROTZEITSPIESSE

GEFÜLLTE TOMATEN

PUTENBRUST-WRAP

ROASTBEEFRÖLLCHEN

Snacks – von der Hand in den Mund

ZUCCHINIRÖLLCHEN

Für 6 Röllchen **1 großen Zucchino** waschen, putzen, längs in 6 Scheiben schneiden. In einer Pfanne **1 EL Rapsöl** erhitzen, die Zucchinischeiben darin von jeder Seite 2–3 Min. braten. Die Scheiben herausnehmen und abkühlen lassen. Für die Füllung **4 getrocknete Tomaten** klein würfeln. Mit **50 g Frischkäse** mischen. **2 Zweige Thymian** waschen, trocken schütteln, die Blättchen abzupfen und unter den Frischkäse rühren. Mit **Salz** und **Pfeffer** würzen. Die Zucchinischeiben damit bestreichen, aufrollen und mit einem Holzspießchen fixieren.

PUMPERNICKEL-BURGER

Für 6 Burger **3 EL Hüttenkäse** mit **1–2 TL Pesto** verrühren. **1 Stück Gurke (ca. 5 cm)** waschen (oder schälen) und in 6 dünne Scheiben schneiden. **2 kleine Tomaten** waschen und jeweils in 3 Scheiben schneiden. **6 Pumpernickeltaler** mit Hüttenkäse bestreichen, mit jeweils 1 Scheibe Gurke und Tomate belegen. Je1 **Pumpernickeltaler** darauflegen und mit einem Holzspießchen fixieren.

BUNTE BROTZEITSPIESSE

Für 6 Spieße **2 dicke Scheiben** Vollkornbrot in grobe Würfel schneiden. **50 g Bergkäse** in ca. 2 cm große Würfel schneiden. **6 Cocktailtomaten** und **½ gelbe Paprikaschote** waschen. Die Paprikaschote putzen und in mundgerechte Stücke schneiden. **2 Wiener Würstchen** ebenfalls in mundgerechte Stücke schneiden. Alle vorbereiteten Zutaten abwechselnd auf jeweils einen Schaschlikspieß stecken, bis sie aufgebraucht sind.

PUTENBRUST-WRAP

Für 2 Wraps **1 Möhre** putzen, schälen und fein raspeln. Mit **3 EL Joghurt, 1 TL mittelscharfem Senf, Salz** und **Pfeffer** verrühren. **2 große Salatblätter** waschen, trocken tupfen und nach Bedarf mundgerecht zerteilen. **2 Scheiben geräucherte Putenbrust** in Streifen schneiden. **2 große Wrap-Tortillas** nach Packungsangabe aufbacken und warm mit Möhrendip bestreichen, dabei rundum einen ca. 3 cm breiten Rand freilassen. Mit Salat und Putenbrust belegen, salzen und pfeffern. Die seitlichen Ränder über die Füllung schlagen und die Wraps von unten nach oben vorsichtig, aber so fest wie möglich aufrollen.

GEFÜLLTE TOMATEN

Für 4 Stück **1 kleinen Apfel** waschen, vierteln, entkernen und grob raspeln. **2 EL Kapern** hacken. Apfel und Kapern mit **3 EL saurer Sahne, 2 EL Schnittlauchröllchen, Salz** und **Pfeffer** verrühren. **4 Tomaten** waschen, vom oberen Teil einen Deckel abschneiden und beiseitelegen. Die Tomaten mit einem Löffel aushöhlen, mit Saurer-Sahne-Creme füllen und jeweils einen Deckel darauflegen.

ROASTBEEFRÖLLCHEN

Für 6 Röllchen **1 Möhre** schälen und in feine, ca. 5 cm lange Stifte schneiden. **½ gelbe Paprikaschote** waschen, putzen und ebenfalls fein stifteln. **ca. 20 g Sprossen** waschen und abtropfen lassen. **6 Scheiben Roastbeef** mit jeweils **½–1 TL mittelscharfem Senf** bestreichen. Gemüsestifte und Sprossen darauf verteilen und jede Scheibe aufrollen, nach Bedarf mit einem **Holzspießchen** fixieren.

Frühstück

BANANENSCHAUMMÜSLI

SCHINKEN-PAPRIKA-RÜHREI

PORRIDGE MIT WEIZENKEIMEN

BIRNEN-BIRCHER MIT LEINSAMEN

RÄUCHERFISCH-FRISCHKÄSE-BROT

MÖHREN-CURRY-TOAST

Blitzschnelle Frühstücksideen

BANANENSCHAUMMÜSLI

Für 2 Portionen **1 Banane** schälen und in grobe Stücke teilen. Mit **150 g Joghurt oder 150 g Buttermilch** fein pürieren. **8 EL Müslimischung** ohne Zucker (z. B. Super-Slow-Müslimischung, siehe S. 42) auf zwei Müslischalen verteilen. Den Bananenschaum daraufgeben und das Müsli servieren.

SCHINKEN-PAPRIKA-RÜHREI

Für 2 Portionen **4 Eier** mit **50 ml Milch, Salz** und **Pfeffer** verquirlen. **50 g gekochten Schinken** klein würfeln. **1 rote Spitzpaprikaschote** putzen, waschen und klein würfeln. **1 TL Rapsöl** in einer beschichteten Pfanne erhitzen, Schinken und Paprika darin bei mittlerer Hitze 2 Min. anbraten. Die Eiermilch dazugießen und mit dem Pfannenwender immer wieder zur Mitte hin zusammenschieben, bis das Ei gestockt ist. **2 kleine Handvoll Rucola** putzen, waschen und und grob zerkleinern. Rührei auf zwei Teller verteilen und mit Rucola bestreut servieren.

PORRIDGE MIT WEIZENKEIMEN

Für 2 Portionen **4 EL blütenzarte Haferflocken, 4 EL Weizenkeime** und **200 ml Milch oder Wasser** in einem mikrowellengeeigneten Gefäß verrühren. Die Mischung 1 Min. 30 Sek. bei 800 – 900 Watt in der Mikrowelle aufkochen, herausnehmen und umrühren. Noch mal 30 Sek. bei voller Wattzahl erhitzen, herausnehmen, gut durchrühren und ca. 2 Min. ausquellen lassen. Nach Lust und Laune mit **klein geschnittenem Obst, Beeren, Nüssen, Kernen, Kakaonibs** und **Joghurt** verfeinern und die Seele wärmen.

BIRNEN-BIRCHER MIT LEINSAMEN

Für 2 Portionen am Vorabend **8 EL 4-Korn-Flocken, 1 EL geschrotete Leinsamen** und **1 EL Rosinen oder getrocknete Kirschen** in eine Schüssel geben mit **150 ml Wasser** verrühren und abgedeckt über Nacht im Kühlschrank quellen lassen. Am nächsten Morgen **1 kleine, nicht zu reife Birne** klein schneiden oder raspeln. Mit **150 g Joghurt oder Dickmilch** unter die Flockenmischung rühren. Das Müsli auf zwei Schalen verteilen, jeweils mit **1 Prise Zimtpulver** und **1 EL Mandelsplitter** bestreuen und sofort servieren.

RÄUCHERFISCH-FRISCHKÄSE-BROT

Für 2 Portionen **75 g geräuchertes Forellenfilet** mit einer Gabel zerpflücken. Das Forellenfilet mit **75 g Frischkäse** vermischen. Die Mischung bei Bedarf mit **Salz** und **Pfeffer** kräftig abschmecken. **2 Scheiben Vollkornbrot oder Vollkorntoast** mit dem Räucherfisch-Frischkäse bestreichen. Die Brote mit **jeweils 1 gehäuften EL Radieschenkresse** belegen und sofort servieren.

MÖHREN-CURRY-TOAST

Für 2 Portionen **4 Scheiben Vollkorntoast** toasten. **1 mittelgroße Möhre (ca. 80 g)** putzen, schälen und auf einer Reibe fein raspeln. Die Möhre mit **½ TL Currypulver, 1 EL Schmand, ½ TL Agavendicksaft, Salz** und **Pfeffer** mischen. Die Möhrenmischung auf 2 Scheiben Toast verteilen und nach Belieben mit jeweils **1 TL Frühlingszwiebelringe** bestreuen. Die übrigen Toastscheiben darauflegen und die Sandwiches sofort servieren.

Slow-Carb-Brot mit Möhren und Zucchini

ZUBEREITUNG: 25 Min.
RUHEN: 2 Std.
BACKEN: 45 Min.
PRO SCHEIBE: ca. 65 kcal – 3 g EW – 2 g F – 10 g KH

FÜR 1 BROT (CA. 40 SCHEIBEN)
200 g Dinkelvollkornmehl
400 g Weizenvollkornmehl
1 Würfel Hefe (42 g)
1 TL flüssiger Honig
200 g Möhren
200 g Zucchini
2 TL Salz
150 g Joghurt
2 EL Chiasamen (ersatzweise Leinsamen)
80 g Haselnusskerne

AUSSERDEM:
Mehl zum Arbeiten

1. Beide Mehlsorten in einer Schüssel mischen und in die Mitte eine Mulde drücken. Die Hefe hineinbröckeln und mit Honig, 75 ml lauwarmem Wasser sowie etwas Mehl vom Rand zu einem Vorteig verrühren. Den Vorteig zugedeckt an einem warmen Ort ca. 15 Min. ruhen lassen.

2. Inzwischen die Möhren putzen, schälen und grob raspeln. Die Zucchini waschen, putzen, längs vierteln und in dünne Scheiben hobeln. Die Zucchinischeiben in ein Haarsieb geben, mit ½ TL Salz mischen und über einer Schüssel ca. 10 Min. abtropfen lassen.

3. Joghurt, 125 ml lauwarmes Wasser, Chiasamen und restliches Salz zum Vorteig geben und den Schüsselinhalt mit den Knethaken des Handrührgerätes zu einem glatten Teig verkneten. Zucchinischeiben mit den Händen etwas ausdrücken. Mit Möhrenraspeln und Haselnusskernen zum Teig geben und mit den Knethaken des Handrührgeräts auf niedriger Stufe unter den Teig kneten. Den Teig zugedeckt an einem warmen Ort ca. 1 Std. gehen lassen.

4. Ein Backblech mit Backpapier auslegen. Den Teig auf einer bemehlten Arbeitsfläche noch einmal mit den Händen kneten und zu einem länglichen ovalen Laib formen. Den Laib auf das Backblech legen und zugedeckt weitere 45 Min. gehen lassen.

5. Den Backofen auf 220° vorheizen. Den Teigling mit Wasser bepinseln und im Ofen (Mitte) 35–40 Min. backen. Dann aus dem Ofen nehmen. Klingt das Brot beim Daraufklopfen hohl, ist es fertig.

Tipp:
Im saftigen Brot schmecken statt der Haselnüsse auch Sonnenblumen-, Pinien- und Kürbiskerne oder eine Mischung daraus sehr gut.

Sauerteig-Brötchen

ZUBEREITUNG: 15 Min.
RUHEN: 2 Std.
BACKEN: 25 Min.
PRO STÜCK: ca. 210 kcal – 9 g EW – 2 g F – 39 g KH

FÜR 8 STÜCK

1 Würfel Hefe (42 g)
1 TL Rohrohrzucker
je 1 TL Koriander-, Fenchel- und Kümmelsamen
250 g Roggenvollkornmehl
250 g Weizenvollkornmehl
2 EL geschälte Hanfsamen (nach Belieben)
1 ½ TL Salz
8 g Trockensauerteigextrakt
Mehl zum Arbeiten

1. Hefe zerbröckeln, mit Zucker in 50 ml lauwarmem Wasser auflösen. Die Gewürze im Mörser grob zerstoßen. Alle Zutaten mit 300 ml lauwarmem Wasser in einer Schüssel mit den Knethaken des Handrührgeräts zu einem glatten Teig verkneten. Dann den Teig zugedeckt an einem warmen Ort mindestens 1 Std. 30 Min. gehen lassen.

2. Ein Backblech mit Backpapier auslegen. Den Teig auf einer bemehlten Arbeitsfläche kneten, in 8 Portionen teilen, diese zu Brötchen formen und auf das Blech legen. Die Brötchen zugedeckt ca. 30 Min. ruhen lassen.

3. Den Backofen auf 220° vorheizen. Eine mit kochend heißem Wasser gefüllte ofenfeste Schale auf den Ofenboden stellen. Brötchen im Ofen (2. Schiene von unten) 20 – 25 Min. backen. Herausnehmen und auskühlen lassen.

Müsli-Quark-Hörnchen

ZUBEREITUNG: 20 Min.
BACKEN: 25 Min.
PRO STÜCK: ca. 90 kcal – 7 g EW – 2 g F – 3 g KH

FÜR 10 STÜCK

250 g Magerquark
5 EL Rapsöl, 1 Ei (Größe M)
3 EL Rohrohrzucker, Salz
75 g Früchtemüsli (z. B. Cranberry-Granola, siehe S. 42)
175 g Dinkelvollkornmehl
1 Päckchen Backpulver
1 Eigelb zum Bestreichen
3 EL Milch zum Bestreichen
Mehl zum Arbeiten

1. Backofen auf 200° vorheizen. Quark, Öl, Ei, Zucker und 1 Prise Salz glatt verrühren. Müsli mit Mehl und Backpulver mischen und mit den Knethaken des Handrührgeräts unter die Quark-Ei-Mischung kneten, bis ein glatter Teig entstanden ist.

2. Ein Backblech mit Backpapier auslegen. Den Teig auf einer bemehlten Arbeitsfläche zu einem Kreis (ca. 35 cm ∅) ausrollen. Den Kreis in 10 Segmente schneiden, diese von der breiten Seite her aufrollen, zu Hörnchen biegen und auf das Blech legen.

3. Eigelb mit Milch verquirlen, die Hörnchen damit bepinseln und im Ofen (2. Schiene von unten) 20 – 25 Min. backen. Auskühlen lassen.

Dazu passen

Lachsschinken-Eier-Frühlingszwiebel-Aufstrich und Nuss-Kichererbsen-Aufstrich von Seite 49.

Dazu passen

Mandel-Honig-Kakao-Aufstrich und Feigen-Ziegenfrischkäse-Aufstrich von Seite 49.

Erdbeer-rot

ZUBEREITUNG: 10 Min. | **PRO PORTION:** ca. 250 kcal – 13 g EW – 5 g F – 37 g KH

FÜR 2 PORTIONEN: 200 g Erdbeeren, 1 kleine Banane, 400 g Buttermilch, 6 EL Frühstücksbrei-Flocken (pur; ersatzweise feine Vollkornhaferflocken und Leinsamen)

1. Die Erdbeeren waschen, putzen und in kleine Stücke schneiden. Die Banane schälen und in grobe Stücke teilen. Beides mit Buttermilch und Frühstücksbrei-Flocken im Mixer sehr fein pürieren. Auf zwei Gläser verteilen und servieren.

Birnen-gelb

Zubereitung 5 Min. | **PRO PORTION:** ca. 125 kcal – 1 g EW – 9 g F – 13 g KH

FÜR 2 PORTIONEN: 2 reife Birnen, 1 EL Kokosöl, 200 ml Kokoswasser, 1 EL Zitronensaft, 1 EL Weizenkleie (ersatzweise Vollkornhaferflocken)

1. Die Birnen waschen und in Viertel schneiden. Die Viertel entkernen. Die Birnenviertel mit Kokosöl, Kokoswasser, Zitronensaft und Weizenkleie in einen Mixer geben und sehr fein pürieren. Auf zwei Gläser verteilen und sofort servieren.

Möhren-Sesam-Drink

ZUBEREITUNG: 5 Min. | **PRO PORTION:** ca. 180 kcal – 5 g EW – 6 g F – 1 g KH

FÜR 2 PORTIONEN: 3 Möhren, 200 ml Kräutertee (abgekühlt), 100 g Buttermilch, 1 EL Tahin (Sesampaste), 1 Prise Salz, Pfeffer, Sesamsamen zum Bestreuen

1. Die Möhren putzen, schälen und mit einem Messer grob klein schneiden.

2. Die Möhren mit Kräutertee, Buttermilch, Tahin, Salz und Pfeffer in einen Mixer geben und sehr fein pürieren. Auf zwei Gläser verteilen und mit Sesamsamen bestreuen.

Gurken-Tomaten-Kefir

ZUBEREITUNG: 10 Min. | **PRO PORTION:** ca. 90 kcal – 5 g EW – 4 g F – 9 g KH

FÜR 2 PORTIONEN: ½ Bio-Salatgurke, 2 Tomaten, 2 Stängel Basilikum, 200 g Kefir, 1 Spritzer grüner Tabasco, Salz

1. Gurke und Tomaten waschen. Stielansätze der Tomaten entfernen. Ungeschälte Gurke und Tomaten in grobe Stücke schneiden. Das Basilikum waschen, trocken schütteln und die Blättchen abzupfen.

2. Gurke, Tomaten, Basilikumblätter und Kefir im Mixer fein pürieren, mit grünem Tabasco und Salz würzen. Auf zwei Gläser verteilen und servieren.

Super-Slow-Müsli-Mischung mit Mandeln und Kernen

ZUBEREITUNG: 10 Min.
PRO PORTION: ca. 240 kcal – 9 g EW – 13 g F – 2 g KH

FÜR 500 G (CA. 10 PORTIONEN)
75 g Mandeln
300 g 6-Korn-Flocken
5 EL geschälte Hanfsamen (ersatzweise Chiasamen)
100 g gemischte Kerne (z. B. geschrotete Leinsamen, Sonnenblumen- und Kürbiskerne)

1. Mandeln in einer Pfanne ohne Fett bei mittlerer Hitze rösten, bis sie anfangen zu duften, dann auf einen Teller geben und auskühlen lassen.

2. Flocken, Samen und Kerne in einer großen Schüssel mischen. Die Mandeln mit einem großen Messer oder im Blitzhacker nach Belieben grob oder fein hacken und unter die Müslimischung heben.

3. Pro Portion 5 EL Müslimischung nach Belieben mit frischem klein geschnittenem Obst, Beeren, Milch, Joghurt, Dickmilch, Kefir, Molke, Fruchtsaft, Soja-, Reis-, Mandel- oder Haferdrink mischen, alles kurz quellen lassen und das Müsli genießen.

Tipps:
Süßschnäbel mischen noch 60 g klein geschnittene getrocknete Mango und 6 EL Kakaonibs (Bioladen) unter die Mischung. Oder 50 g klein geschnittene getrocknete Apfelringe und 1 TL Zimtpulver.
Wer morgens nicht so viel kauen möchte, der zerkleinert diese Müslimischung im Blitzhacker bis zur gewünschten Konsistenz.

Variante: Cranberry-Granola
Für ca. 550 g den Backofen auf 175° vorheizen. 250 g blütenzarte Haferflocken mit 6 EL Rapsöl, 5 EL flüssigem Honig und 3 EL Kokosraspeln mischen. Die Mischung auf einem mit Backpapier belegten Blech verteilen und im Ofen (Mitte) unter gelegentlichem Wenden 20 Min. backen. Herausnehmen und auskühlen lassen. Inzwischen 50 g getrocknete Cranberrys, 50 g Mandeln und 50 g Kürbiskerne mischen, im Blitzhacker grob hacken und unter die abgekühlten Flocken mischen. Granola in einer Vorratsdose lagern.

Müsliquark mit Kiwi

ZUBEREITUNG: 10 Min.
PRO PORTION: ca. 630 kcal – 35 g EW – 50 g F – 5 g KH

FÜR 2 PORTIONEN
1 Grapefruit, 1 Kiwi
250 g Quark (20 % Fett i. Tr.)
100 g saure Sahne
2 EL Goldleinsamen
50 g Cashewnüsse
50 g Haselnusskerne
3 EL Mandelstifte
1–2 EL Honig
5 EL Hirse-Pops (nach Belieben)

1. Die Grapefruit samt weißer Haut mit einem scharfen Messer dick schälen und die Fruchtfilets zwischen den weißen Trennhäutchen herausschneiden. Grapefruitfilets in mundgerechte Stücke schneiden. Kiwi schälen und würfeln. Den Quark mit der sauren Sahne glatt rühren, die Leinsamen unterrühren.

2. Cashewnüsse und Haselnusskerne grob hacken und mit den Mandelstiften in einer Pfanne ohne Fett rösten, bis sie duften. Sofort in einer Schüssel mit dem Honig mischen. Mit Früchten und nach Belieben mit Hirse-Pops über die Quarkcreme geben und servieren.

Porridge mit Mango

ZUBEREITUNG: 15 Min.
PRO PORTION: ca. 400 kcal – 14 g EW – 17 g F – 45 g KH

FÜR 2 PORTIONEN
1 TL Kokosöl (ersatzweise Butter)
100 g Dinkelflocken
400 ml Sojadrink
1 kleine Mango
Ahornsirup (nach Belieben)
2 EL Kokosraspel

1. Das Öl in einem Topf erhitzen, die Dinkelflocken dazugeben und kurz darin anrösten. Die Sojamilch dazugießen, alles unter Rühren aufkochen lassen und zugedeckt bei schwacher Hitze ca. 5 Min. köcheln lassen.

2. Inzwischen die Mango schälen. Das Fruchtfleisch vom Stein schneiden und in kleine Würfel schneiden. Nach Belieben den Ahornsirup unter den Porridge rühren. Den Porridge anrichten, mit den Kokosraspeln bestreuen und sofort servieren.

Dazu passt

eine Tasse Malzkaffee mit Milchschaum.

Dazu passt

ein Glas frisch gepresster Orangensaft.

Smoothie Bowl mit Basilikum und Banane

ZUBEREITUNG: 10 Min.
PRO PORTION: ca. 300 kcal – 5 g EW – 8 g F – 47 g KH

FÜR 2 PORTIONEN
4 Salatblätter
3 Stängel Basilikum
1 kleine Banane
2 Äpfel
100 ml Apfelsaft
1 EL Zitronensaft
100 g Himbeeren
6 EL Super-Slow-Müsli-Mischung (ersatzweise Cranberry-Granola, siehe S. 42)

1. Salatblätter und Basilikum waschen und trocken schütteln. Die Banane schälen und in grobe Stücke teilen. Die Äpfel waschen, vierteln und entkernen. Beides zusammen mit Salat, Basilikum samt Stängeln, Apfel- und Zitronensaft im Mixer fein pürieren.

2. Die Himbeeren verlesen und vorsichtig waschen. Den Smoothie auf zwei Schüsseln verteilen, dann die Himbeeren und Super-Slow-Müsli-Mischung darüberstreuen und sofort servieren.

Winterliche Variante:
Für 2 Portionen 100 g Feldsalat putzen und waschen und trocken schleudern. 1 große Möhre putzen und schälen. Feldsalat und Möhre mit 1 kleinen geschälten Banane und 1 geschälten Kaki (ohne Strunk) im Mixer fein pürieren. Den Smoothie auf zwei Schüsseln verteilen und mit 3 EL gerösteten Kürbiskernen, 4 EL Hirse-Pops und 2 EL gehackten getrockneten Aprikosen bestreut servieren.

Info:
Grüne Smoothies haben gerade Hochkonjunktur. Ursprünglich zum Trinken gedacht, wandern sie mittlerweile auch in die Müslischüssel als Alternative zu Milch, Joghurt und Co. So bekommen nicht nur Veganer ihre zusätzliche Portion geballte Vitaminpower ab. Sie können nach Belieben aus dem reichhaltigen Angebot unserer (Super-)Märkte auswählen. Vor allem auch die grünen Blätter von beispielsweise Möhren, Roter Bete oder Kohlrabi sind neben den verschiedensten Salaten und Kräutern beliebte Zutaten für die grünen Smoothies. Kombiniert mit der Süße von fruchtigem Obst, schmecken die Smoothies nicht nur gesund, sondern vor allem lecker!

Mandel-Honig-Kakao-Aufstrich

ZUBEREITUNG: 10 Min. | **KÜHLEN:** 30 Min. | **PRO PORTION:** ca. 300 kcal – 22 g EW – 20 g F – 6 g KH

FÜR 2 PORTIONEN: 30 g Butter, 100 g gemahlene Mandeln, 3 EL Kakaopulver, 1 TL Honig, ½ TL gemahlener Kardamom

1. Die Butter in einem Topf zerlassen. Die gemahlenen Mandeln mit dem Stabmixer noch feiner pürieren und die flüssige Butter langsam dazugeben und unterrühren, bis die Masse streichfähig ist.

2. Kakaopulver, Honig und Kardamom hinzufügen und gut unter die Mandel-Butter-Masse rühren. Den Aufstrich vor dem Servieren im Kühlschrank ca. 30 Min. ruhen lassen.

Feigen-Ziegenfrischkäse-Aufstrich

ZUBEREITUNG: 10 Min. | **PRO PORTION:** ca. 260 kcal – 10 g EW – 15 g F – 19 g KH

FÜR 2 PORTIONEN: 2 EL Milch, ½ TL gemahlener Safran, 3 getrocknete Feigen, 1 frische Feige, 1 EL Pinienkerne, 100 g Ziegenfrischkäse

1. Die Milch erwärmen (möglichst in der Mikrowelle bei 600 Watt), den Safran dazugeben und darin auflösen. Die getrockneten Feigen fein würfeln, die frische Feige waschen und ebenfalls fein würfeln. Pinienkerne in einer Pfanne ohne Fett rösten, bis sie duften. Dann herausnehmen und grob hacken.

2. Den Ziegenfrischkäse mit der Safranmilch glatt rühren. Die Feigen und Pinienkerne unterrühren.

Lachsschinken-Eier-Frühlingszwiebel-Aufstrich

ZUBEREITUNG: 15 Min. | **PRO PORTION:** ca. 235 kcal – 14 g EW – 18 g F – 2 g KH

FÜR 2 PORTIONEN: 2 Eier, 50 g Lachsschinken, 2 Frühlingszwiebeln, 1 EL Schnittlauchröllchen, 4 EL Frischkäse, Salz, Pfeffer

1. Die Eier in kochendem Wasser in ca. 8 Min. hart kochen. Dann das Wasser abgießen, die Eier abschrecken, pellen und fein hacken.

2. Inzwischen den Lachsschinken in feine Streifen schneiden. Die Frühlingszwiebeln putzen, waschen und in feine Ringe schneiden. Beides mit den Eiern, Schnittlauchröllchen und dem Frischkäse mischen. Den Aufstrich mit Salz und Pfeffer würzen.

Nuss-Kichererbsen-Aufstrich

ZUBEREITUNG: 10 Min. | **PRO PORTION:** ca. 250 kcal – 4 g EW – 25 g F – 4 g KH

FÜR 2 PORTIONEN: 1 Dose Kichererbsen (240 g Abtropfgewicht), ½ Bund Petersilie, 1 EL Zitronensaft, 1 EL Kapern, 1 EL Rapsöl, 2 EL Haselnusskerne, 2 EL Walnusskerne, Salz, Pfeffer

1. Kichererbsen abgießen und abtropfen lassen. Petersilie waschen, trocken schütteln und fein hacken. Kichererbsen mit Zitronensaft, Kapern und Öl mit dem Stabmixer fein pürieren.

2. Hasel- und Walnusskerne grob hacken und in einer Pfanne ohne Fett rösten. Mit Petersilie unter die Kichererbsenmasse mischen. Salzen und pfeffern.

Omelett mit Radieschen

ZUBEREITUNG: 15 Min.
PRO PORTION: ca. 265 kcal – 16 g EW – 20 g F – 5 g KH

FÜR 2 PORTIONEN
4 Eier
50 ml kohlensäurehaltiges Mineralwasser
Salz, Pfeffer
1 TL Rapsöl
1 Bund Radieschen
1 Beet Kresse
2 TL Sesamöl (Asiaregal)
1 TL helle Sojasauce

1. Die Eier mit Mineralwasser, Salz und Pfeffer verquirlen. Das Öl in einer großen Pfanne erhitzen, die Eiermischung dazugießen und zugedeckt bei mittlerer Hitze in ca. 5 Min. vollständig stocken lassen.

2. Inzwischen die Radieschen putzen, waschen und in feine Scheibe schneiden. Die Kresse vom Beet schneiden, mit Radieschenscheiben und Sesamöl mischen. Das Topping mit Sojasauce abschmecken.

3. Omelett halbieren, jede Hälfte auf einen Teller legen und die Radieschen-Kresse-Mischung darauf verteilen. Omelett sofort servieren.

Eier mit Lachstatar

ZUBEREITUNG: 15 Min.
PRO PORTION: ca. 100 kcal – 4 g EW – 9 g F – 2 g KH

FÜR 2 PORTIONEN
2 Eier
½ Minigurke
1 kleine Frühlingszwiebel
100 g Räucherlachs
½ EL Aceto balsamico bianco
½ EL Olivenöl
¼ TL Agavendicksaft
Salz, Pfeffer
1 TL Butter

1. Die Eier in kochendem Wasser in ca. 8 Min. wachsweich kochen. Inzwischen die Gurke putzen, schälen und längs halbieren. Die Gurkenhälften mit einem Teelöffel entkernen und fein würfeln. Die Frühlingszwiebel putzen, waschen und in feine Ringe schneiden.

2. Den Räucherlachs fein würfeln. Gurke, Frühlingszwiebel und Lachs in einer Schüssel mit Essig, Öl, Dicksaft, Salz und Pfeffer mischen und auf zwei bauchige Gläser verteilen.

3. Eier abgießen, kalt abschrecken und pellen. Je 1 Ei auf das Tatar setzen. Die Eier längs einschneiden, etwas Butter in den Spalt geben, salzen und pfeffern.

Dazu passt
Vollkornbrot oder Pumpernickel.

Dazu passt
Vollkornbrot oder Vollkornbaguette.

Kalte Mahlzeiten

MANGO-AVOCADO-CAPRESE

BOHNEN-THUNFISCH-SALAT

KÄSE-PAPRIKA-STULLE

MATJESSALAT MIT PUMPERNICKEL

PESTO-NUDEL-SALAT

ANTIPASTI-RICOTTA-WRAP

Kalte Ratzfatz-Gerichte

BOHNEN-THUNFISCH-SALAT

Für 2 Portionen **1 kleine Zwiebel** schälen, vierteln und die Viertel in dünne Streifen schneiden. Die Zwiebelstreifen mit **140 g abgetropftem Thunfisch (aus der Dose), 1 Dose abgetropften dicken weißen Bohnen (250 g Abtropfgewicht), 3 EL Olivenöl** und **1 EL Aceto balsamico bianco** mischen. Den Salat mit **Salz, Pfeffer** und **1 TL getrocknetem Thymian** abschmecken und mit **Vollkornbrot** servieren.

MANGO-AVOCADO-CAPRESE

Für 2 Portionen **1 Mango** schälen, das Fruchtfleisch erst vom Stein, dann in dünne Scheiben schneiden. **1 Avocado** längs halbieren, den Stein entfernen, das Fruchtfleisch mit einem Löffel aus der Schale lösen und in dünne Scheiben schneiden. **1 Kugel Büffelmozzarella (125 g Abtropfgewicht)** in Scheiben schneiden. Alle Zutaten dachziegelartig im Wechsel anrichten. **½ rote Chilischote** putzen, waschen und in feine Streifen schneiden. Mit **1 EL Zitronensaft, 1 TL Honig, 2 EL Olivenöl** sowie **Salz** verquirlen und über das Caprese träufeln. Mit **Basilikumblättern** belegen und mit **Vollkornbaguette** servieren.

KÄSE-PAPRIKA-STULLE

Für 2 Stück **2 Roggen-Toastbrötchen** toasten. **3 EL Frischkäse** mit **2 EL Schnittlauchröllchen** verrühren, **salzen** und **pfeffern. ½ rote Spitzpaprika** putzen, waschen und in feine Streifen schneiden. Die untere Brötchenhälfte mit Frischkäse bestreichen, die Paprikastreifen daraufgeben und mit je **1 Scheibe Gouda** belegen. Die Brötchendeckel auflegen.

PESTO-NUDEL-SALAT

Für 2 Portionen **150 g Vollkornspaghetti** in reichlich kochendem **Salzwasser** nach Packungsangabe bissfest garen. Dann in ein Sieb abgießen und die Spaghetti sofort in einer Schüssel mit **120 g Basilikumpesto, 125 g abgetropftem, halbiertem Mini-Mozzarella, 100 g halbierten Cocktailtomaten, 100 g Antipastigemüse (aus dem Glas)** und nach Belieben mit **½ Bund Rucola** mischen. Den Salat mit Salz und **Pfeffer** abschmecken, anrichten und mit **2 EL gerösteten Pinienkernen** bestreut servieren.

MATJESSALAT MIT PUMPERNICKEL

Für 2 Portionen **1 roten Bio-Apfel** waschen, achteln, entkernen und in dünne Scheiben schneiden. **150 g Lauch** putzen, längs aufschneiden, gründlich waschen und in Ringe schneiden. **125 g Matjesfilets** kalt abbrausen, mit Küchenpapier trocken tupfen und in Streifen schneiden. Mit Apfel, Lauch, **1 EL Kapern, 150 g Sahnejoghurt** und **2 EL Milch** mischen. Den Salat mit **Salz** und **Pfeffer** abschmecken, anrichten und mit Pumpernickel servieren.

ANTIPASTI-RICOTTA-WRAP

Für 2 Portionen **2 Leinsamen-Wraps** nach Packungsangabe aufbacken. Die Wraps mit je **50 g Ricotta** bestreichen. **3 EL grob geschnittenen Rucola, je 1 Scheibe Räucherlachs** sowie **je 3 EL Antipastigemüse (aus dem Glas)** auf dem Ricotta verteilen, alles leicht **salzen** und **pfeffern.** Die Wrapseiten ca. 3 cm nach innen schlagen und die Wraps von unten nach oben aufrollen.

Feldsalat
mit Kürbis und Kerndl-Topping

ZUBEREITUNG: 35 Min.
PRO PORTION: ca. 395 kcal – 7 g EW – 31 g F – 22 g KH

FÜR 2 PORTIONEN
200 g Feldsalat
250 g Kürbisfruchtfleisch
1 EL edelsüßes Paprikapulver
1 EL Rapsöl
1 TL scharfer Senf
1 TL Agavendicksaft
2 EL Aceto balsamico
2 EL Kürbiskernöl (ersatzweise Rapsöl)
Salz, Pfeffer
3 EL Kernemix (z. B. Sonnenblumenkerne, Kürbiskerne, Sesamsamen)
2 EL Kapern (aus dem Glas)
1 EL getrocknete Cranberrys

1. Den Feldsalat putzen, waschen und trocken schleudern. Das Kürbisfruchtfleisch grob raspeln. Paprikapulver mit Öl verrühren und den Kürbis untermischen. Eine Pfanne erhitzen, die Kürbismischung darin bei starker Hitze unter Rühren ca. 3 Min. anbraten, herausnehmen und zum Abkühlen auf einem Teller ausbreiten.

2. Für das Dressing Senf mit Agavendicksaft, Essig und Kürbiskernöl verquirlen, kräftig salzen und pfeffern. Den Kernemix nach Belieben grob hacken und in eine Schüssel geben. Kapern und Cranberrys ebenfalls hacken. Beides mit dem Kernemix mischen.

3. Den Feldsalat in einer Schüssel mit dem Dressing und den Kürbisraspeln mischen. Auf zwei Tellern anrichten und mit dem Kerndl-Topping bestreuen. Dazu passt Körnerbaguette oder Vollkornbauernbrot.

Variante: Wildkräutersalat mit Speckstreifen
Für 2 Portionen 300 g gemischten Wildkräutersalat (ersatzweise z. B. Radicchio, Rucola und Babyspinat gemischt) putzen, waschen und trocken schütteln. 3 Scheiben Frühstücksspeck (ca. 45 g) in Streifen schneiden und in einer Pfanne ohne Fett kross auslassen. Herausnehmen und auf Küchenpapier entfetten. Für das Ingwerdressing 1 kleines Stück Ingwer (ca. 2 cm) schälen, durch die Knoblauchpresse drücken und mit 2 TL Zitronensaft, 1 EL Honig, 1 EL Weißweinessig, 3 TL Rapsöl, Salz und Pfeffer verrühren. Das Dressing unter den Salat mischen. Den Salat anrichten und mit den Speckstreifen bestreuen.

Tomaten-Carpaccio mit Salsa verde und Räuchertofu

ZUBEREITUNG: 25 Min.
PRO PORTION: ca. 445 kcal – 23 g EW – 33 g F – 13 g KH

FÜR 2 PORTIONEN

2 Knoblauchzehen
½ Bund Basilikum
½ Bund Rucola
1 Bund Petersilie
4 Cornichons
2 Sardellenfilets
2 EL Rotweinessig
3 EL Olivenöl
Salz, Pfeffer
500 g Fleischtomaten (ersatzweise Ochsenherztomaten)
200 g Räuchertofu

1. Für die Salsa verde den Knoblauch schälen und grob klein schneiden. Kräuter waschen, trocken schütteln und grobe Stiele entfernen. Mit Knoblauch, Cornichons, Sardellenfilets, Essig und 2 EL Öl mit dem Stabmixer fein pürieren. Nach Belieben mit Salz und Pfeffer würzen.

2. Die Tomaten waschen und die Stielansätze entfernen. Die Tomaten in dünne Scheiben schneiden und auf einer großen Platte anrichten. Den Tofu in dünne Streifen schneiden.

3. Übriges Öl in einer Pfanne erhitzen, den Tofu darin unter Wenden bei starker Hitze 4–5 Min. anbraten, bis er goldbraun ist. Den Tofu herausnehmen, mit Salz und Pfeffer würzen und auf den Tomatenscheiben verteilen. Die Salsa verde daraufgeben.

Variante: Rote-Bete-Orangen-Salat
Für 2 Portionen 1 Bund Rote Bete putzen, schälen und in sehr feine Scheiben hobeln (am besten mit Einmalhandschuhen). 2 Orangen samt weißer Haut mit einem scharfen Messer schälen. Das Fruchtfleisch in dünne Scheiben schneiden, dabei die Kerne entfernen und den Saft auffangen. Rote-Bete- und Orangenscheiben abwechselnd auf einer Platte auslegen. Den aufgefangenen Orangensaft mit 1 EL Rapsöl, 2 EL Rotweinessig, Salz und Pfeffer verrühren und über die Scheiben träufeln. 50 g Ziegenfrischkäse (Rolle) grob zerbröckeln. 1 kleines Stück Meerrettich (ca. 1 cm) schälen und sehr fein reiben. 2 Scheiben Pumpernickel in Stückchen zerbröckeln. Mit Meerrettich und Ziegenfrischkäse mischen. Die Mischung salzen, pfeffern und auf dem Salat verteilen.

Exotischer Cole Slaw

ZUBEREITUNG: 20 Min.
ZIEHEN: 30 Min.
PRO PORTION: ca. 295 kcal – 8 g EW – 17 g F – 27 g KH

FÜR 2 PORTIONEN
1 kleiner Weißkohl (ca. 500 g)
Salz
200 g Ananasfruchtfleisch
3 EL Cashewnüsse
1 Bio-Limette
100 g Buttermilch
2 EL Mayonnaise (aus dem Glas)
1 TL Currypulver
Pfeffer

1. Den Kohl putzen, waschen, vierteln und den Strunk entfernen. Den Kohl in sehr feine Streifen hobeln, in eine Schüssel geben, mit 1 TL Salz bestreuen und mit den Händen kräftig durchkneten. Dann die Weißkohlstreifen ca. 10 Min. ziehen lassen.

2. Ananasfruchtfleisch in kleine Stücke schneiden. Cashewnüsse grob hacken und in einer Pfanne ohne Fett rösten, bis sie duften. Dann herausnehmen. Für das Dressing die Limette heiß waschen und abtrocknen, die Hälfte der Schale fein abreiben und den Saft auspressen. Beides mit Buttermilch, Mayonnaise, Currypulver, Salz und Pfeffer verrühren.

3. Den Weißkohl mit Ananasstücken, Cashewnüssen und dem Dressing mischen. Dann den Salat ca. 30 Min. ziehen lassen.

Fenchel-Möhren-Slaw

ZUBEREITUNG: 15 Min.
ZIEHEN: 30 Min.
PRO PORTION: ca. 90 kcal – 5 g EW – 3 g F – 10 g KH

FÜR 2 PORTIONEN
2 Fenchelknollen (ca. 500 g)
1 Möhre
Salz
100 g Joghurt
2 EL Mayonnaise (aus dem Glas)
1 EL Rotweinessig
1 TL mittelscharfer Senf
Pfeffer

1. Den Fenchel putzen, das Fenchelgrün abschneiden, fein hacken und beiseitelegen. Den Fenchel waschen, halbieren und die Hälften mit dem Strunk in feine Streifen hobeln. Die Möhre putzen schälen und in feine Streifen schneiden. Beides in eine Schüssel geben und mit 1 TL Salz mit den Händen kräftig durchkneten. Dann ca. 10 Min. ziehen lassen.

2. Inzwischen für das Dressing den Joghurt mit Mayonnaise, Essig, Senf und Salz und Pfeffer in einer Schüssel verrühren.

3. Die Fenchel-Möhren-Mischung mit dem Fenchelgrün und dem Dressing mischen. Dann den Salat ca. 30 Min. ziehen lassen.

Dazu passen

gegrilltes Steak, Burger oder gebratene Putenschnitzel.

Dazu passen

gebratene Fischfilets oder gegrillte Hähnchenbrust.

Spargel-Sülzchen mit Kräutern und Vollkorn-Crostini

ZUBEREITUNG: 30 Min.
KÜHLEN: 4 Std.
PRO PORTION: ca. 205 kcal – 10 g EW – 4 g F – 28 g KH

FÜR 1 MINI-KASTENFORM (15 CM)
3 Blatt weiße Gelatine
500 g Spargel (weiß oder gemischt)
1 TL Rohrohrzucker
Salz
½ Bund gemischte Kräuter (z. B. Kerbel und Basilikum)
1 EL Kapern
1 TL Olivenöl
Pfeffer
4 Scheiben Vollkornbaguette

1. Die Kastenform mit Frischhaltefolie auslegen. Die Gelatine in kaltem Wasser einweichen. Den Spargel waschen, schälen und die Enden abschneiden. 350 g Stangen in ca. 3 cm lange Stücke schneiden. Restlichen Spargel fein hacken. 250 ml Wasser mit Zucker und Salz in einem Topf aufkochen, die Spargelstücke samt Schalen darin in ca. 5 Min. bissfest garen. Anschließend den Spargel abgießen, dabei den Kochsud auffangen und die Spargelschalen entfernen.

2. Inzwischen die gemischten Kräuter waschen, trocken schütteln und die Blättchen fein hacken. 2 EL davon beiseitestellen. Die Spargelstücke mit den Kräutern mischen und in die Form legen. Die Gelatine leicht ausdrücken und im heißen Kochsud unter Rühren auflösen, salzen und pfeffern. Den Sud über den Spargel gießen und für mindestens 4 Std. in den Kühlschrank stellen und fest werden lassen.

3. Die Kapern fein hacken. Mit dem gehackten Spargel, den übrigen Kräutern und Öl mischen, salzen und pfeffern. Die Baguettescheiben nach Belieben rösten und mit der Spargelmischung belegen. Die Spargelsülze in Scheiben schneiden und dazu servieren.

Tipp:
Wenn Sie noch etwas Pfiff in die Sülzchen bringen möchten, geben Sie 4 gestiftelte Radieschen mit den Spargelstücken in die Sülze.

Low-Carb-Tipp

Für eine Low-Carb-Variante lassen Sie das Baguette weg. Das Spargeltatar können Sie in 4 Scheiben Schinken einrollen und zum Sülzchen servieren.

Quinoasalat mit Zuckerschoten und Zitrusfrüchten

ZUBEREITUNG: 25 Min.
PRO PORTION: ca. 420 kcal – 12 g EW – 15 g F – 55 g KH

FÜR 2 PORTIONEN

100 g Quinoa
250 ml Gemüsebrühe
1 rosa Rote Bete
1 Möhre
50 g Zuckerschoten
1 Schalotte
1 rosa Grapefruit
1 Orange
2 EL Pistazienkerne
1 TL Limettensaft
1 EL Rapsöl
1 EL helle Sojasauce
Salz, Pfeffer

1. Quinoa in einem Sieb kalt abbrausen, mit der Brühe in einem Topf aufkochen und bei schwacher Hitze 15 – 20 Min. köcheln lassen.

2. Rote Bete und Möhre putzen, schälen und mit dem Sparschäler in Streifen schneiden. Die Zuckerschoten putzen, waschen und schräg in feine Streifen schneiden. Die Schalotte schälen und fein würfeln. Grapefruit und Orange samt weißer Haut mit einem scharfen Messer schälen. Die Grapefruitfilets zwischen den weißen Trennhäutchen herausschneiden, dabei den Saft auffangen. Die Filets halbieren oder dritteln. Die Orange in Stücke schneiden, dabei die Kerne entfernen und den Saft auffangen. Die Pistazienkerne grob hacken.

3. Limetten-, Grapefruitsaft und Orangensaft mit Öl, Sojasauce und Schalotte verrühren. Das Dressing mit Salz und Pfeffer würzen. Rote Bete, Möhre, Zuckerschoten, Quinoa, Zitrusfrüchten mit dem Dressing in einer Schüssel mischen. Den Salat mit Pistazienkernen bestreuen.

Low-Carb-Variante:
Für das Dressing 1 EL Limetten- und Orangensaft mit 2 EL Rapsöl und 1 EL heller Sojasauce verrühren. Das Dressing mit Salz und Pfeffer würzen. 1 Rote Bete und 2 Möhren putzen, schälen und in feine Scheiben hobeln. ½ Bund Radieschen putzen, waschen und ebenfalls in Scheiben hobeln. 1 Grapefruit samt weißer Haut mit einem scharfen Messer schälen und in Scheiben schneiden, dabei die Kerne entfernen und den Saft auffangen. Den Saft unter das Dressing rühren. 1 Bund Rucola verlesen, waschen und trocken schütteln, nach Belieben klein schneiden. Alle Zutaten mit dem Dressing mischen. 2 EL Pistazienkerne in einer Pfanne ohne Fett rösten, bis sie duften. Mit 1 EL Honig mischen. Den Salat anrichten und die Pistazien darauf verteilen.

Ceviche mit Mango

ZUBEREITUNG: 30 Min.
PRO PORTION: ca. 220 kcal – 4 g EW – 14 g F – 17 g KH

FÜR 2 PORTIONEN
150 g sehr frische rohe Lachsforellenfilets (ohne Haut und Gräten)
1–2 Limetten, 1 Mango
2 Stangen Staudensellerie (plus zartes Grün)
2 EL Sesamsamen (weiß und schwarz gemischt)
1 EL Sesamöl (ersatzweise Olivenöl)
Salz, Cayennepfeffer

1. Die Forellenfilets kalt abbrausen, mit Küchenpapier trocken tupfen und in feine Würfel schneiden. Den Saft der Limetten auspressen. Die Fischwürfel sofort damit mischen und darin ca. 15 Min. marinieren.

2. Inzwischen die Mango schälen, zuerst das Fruchtfleisch mit einem Messer vom Stein, dann in Würfel schneiden. Den Staudensellerie putzen, waschen und in dünne Scheibchen schneiden. Das zarte Grün fein hacken.

3. Die marinierten Fischwürfel mit Mango, Staudensellerie, Sesamsamen, Sesamöl in einer Schüssel mischen, mit Salz und Cayennepfeffer würzen. Forellenceviche anrichten und mit dem Selleriegrün bestreuen.

Spitzkohl-Nuss-Salat

ZUBEREITUNG: 30 Min.
PRO PORTION: ca. 350 kcal – 8 g EW – 24 g F – 25 g KH

FÜR 2 PORTIONEN
400 g Spitzkohl, Salz
50 g vorgegarter Weizen (Supermarkt)
1 EL Rapsöl
1 EL Aceto balsamico bianco
2 EL saure Sahne
½ Bund Petersilie
50 g Haselnusskerne
3 EL gemahlene Haselnusskerne
½ TL gemahlener Kreuzkümmel, Pfeffer

1. Den Spitzkohl putzen, waschen, halbieren und den Strunk entfernen. Den Kohl in feine Streifen hobeln, kräftig salzen und mit den Händen durchkneten. Dann ca. 10 Min. ziehen lassen. Weizen in 150 ml kochendem Salzwasser offen bei schwacher Hitze in ca. 10 Min. weich garen. Das Wasser sollte eingekocht sein. Dann zugedeckt ausquellen lassen und zum Abkühlen auf einem Teller ausbreiten.

2. Öl mit Essig, saurer Sahne, Salz und Pfeffer verrühren. Petersilie waschen, trocken schütteln und fein hacken. Haselnusskerne grob hacken und in einer Pfanne ohne Fett rösten, bis sie duften. Mit gemahlenen Haselnusskernen, Petersilie, Kreuzkümmel und Weizen mischen. Den Kohl mit dem Dressing anmachen und mit Nuss-Krusteln bestreuen.

Dazu passen

Vollkornbaguette oder Pumpernickeltaler.

Dazu passt

gegrilltes oder gebratenes Fischfilet.

Sehr lecker
2016

Rote-Bete-Salat mit Knäckebrot und Thymian

ZUBEREITUNG: 15 Min.
GAREN: 20 Min.
PRO PORTION: ca. 835 kcal – 12 g EW – 72 g F – 32 g KH

FÜR 2 PORTIONEN
1 Bund Rote Bete
6 EL Olivenöl
Salz
1 TL getrockneter Thymian
2 EL Aceto balsamico
1 TL flüssiger Honig
Pfeffer
150 g Manouri (ersatzweise Feta)
1 Scheibe Vollkorn-Knäckebrot

1. Den Backofengrill vorheizen. Rote Beten putzen, schälen und in ca. 2 cm große Würfel schneiden (am besten mit Einmalhandschuhen). Die Würfel mit 2 EL Olivenöl, ½ TL Salz und Thymian mischen, die Mischung auf einem Backblech verteilen und im Backofen (Mitte) 15 – 20 Min. grillen, bis die Roten Beten weich sind.

2. Inzwischen für das Dressing das übrige Olivenöl mit Essig und Honig in einer Schüssel verquirlen, mit Salz und Pfeffer würzen. Den Manouri in grobe Würfel schneiden.

3. Rote Beten aus dem Ofen nehmen, in eine Salatschüssel umfüllen, mit dem Manouri und dem Dressing mischen und etwas abkühlen lassen. Die Mischung mit Salz und Pfeffer abschmecken.

4. Das Knäckebrot in kleine Stücke brechen und kurz vor dem Servieren über den Salat streuen. Den Salat lauwarm oder kalt servieren.

Tipp:
Besonders aromatisch schmeckt der Salat, wenn Sie statt Knäckebrot Schüttelbrot darüberstreuen. Das mit Kümmel, Anis und Fenchel gewürzte Knabberbrot aus Südtirol harmoniert wunderbar mit der Süße der Roten Bete. Kein Schüttelbrot im Angebot? Dann ½ Vinschgauer Brötchen klein würfeln und in einer Pfanne ohne Fett rösten, bis die Würfel knusprig sind. Die Croûtons über den Salat streuen.

Low-Carb-Variante

Für weniger Kohlenhydrate lassen Sie den Honig im Dressing weg und ersetzen das Knäckebrot durch 2 EL gehackte und geröstete Walnusskerne.

Vollkorn-Club-Sandwich mit Papaya und Limetten-Chili-Schmand

ZUBEREITUNG: 35 Min.
PRO PORTION: ca. 560 kcal – 34 g EW – 30 g F – 33 g KH

FÜR 2 PORTIONEN

1 Hähnchenbrustfilet (ca. 180 g)
1 Ei
Salz, Pfeffer
½ TL Kurkumapulver
4 EL Sesamsamen
1 EL Rapsöl
6 Scheiben Vollkorn-Sandwichbrot
2 Eisbergsalatblätter
140 g Papaya
1 Frühlingszwiebel
1 Bio-Limette
½ kleine rote Chilischote
3 EL Schmand
½ TL Agavendicksaft
4 Holzspießchen

1. Hähnchenbrustfilet kalt abbrausen, mit Küchenpapier trocken tupfen und quer in ca. 1 cm breite Scheiben schneiden. Das Ei mit Salz, Pfeffer und Kurkumapulver in einem tiefen Teller verquirlen. Die Sesamsamen auf einen flachen Teller geben. Hähnchenscheiben zuerst im Ei, dann in den Sesamsamen wenden und auf einen Teller legen.

2. Das Öl in einer großen Pfanne erhitzen, die panierten Hähnchenstücke darin bei mittlerer Hitze auf beiden Seiten ca. 5 Min. braten, dann herausnehmen und warm halten.

3. Die Sandwichbrote toasten. Die Salatblätter putzen, waschen, trocken tupfen und in mundgerechte Stücke zupfen. Papaya schälen, entkernen und in dünne Scheiben schneiden. Frühlingszwiebel putzen, waschen und in feine Ringe schneiden.

4. Die Limette heiß waschen und abtrocknen, die Schale abreiben und 1 TL Saft auspressen. Die Chilischote halbieren, die Kerne entfernen, die Hälften waschen und in feine Würfel schneiden. Den Schmand mit Limettenschale, 1 TL Limettensaft, Chiliwürfeln und Agavendicksaft in einer Schüssel verrühren, mit Salz abschmecken.

5. 2 Brotscheiben mit Salatblättern und Hähnchen belegen und etwas Limetten-Chili-Schmand daraufgeben. Je 1 Brotscheibe auflegen und darauf Papayascheiben, restlichen Schmand und Frühlingszwiebel verteilen. Die restlichen Brotscheiben auflegen. Die Sandwiches diagonal halbieren und mit Holzspießchen fixieren.

Basilikum-Tomaten-Rolle mit Blattsalat und Vollkorn-Croûtons

ZUBEREITUNG: 40 Min.
BACKEN: 15 Min.
PRO PORTION: ca. 620 kcal – 27 g EW – 50 g F – 14 g KH

FÜR 2 PORTIONEN
1 große Handvoll Basilikumblätter (ca. 20 g)
2 Eier
Salz, Pfeffer
125 g Mozzarella
4 getrocknete in Öl eingelegte Tomaten
3 kleine Tomaten (ca. 160 g)
2 EL Magerquark
½ Kopf Eichblattsalat
2 Frühlingszwiebeln
½ TL Agavendicksaft
1 EL Aceto balsamico
4 EL Olivenöl
½ TL mittelscharfer Senf
1 Scheibe Weizenvollkorn-Toast (nach Belieben)

1. Den Backofen auf 200° vorheizen. Ein Backblech mit Backpapier auslegen. Die Basilikumblätter waschen, trocken tupfen und grob hacken. Mit Eiern, Salz und Pfeffer verquirlen. Den Mozzarella abtropfen lassen und in ca. 1 cm große Würfel schneiden.

2. Die Eiermischung mittig auf das Backblech gießen und zu einem 20 × 25 cm großen Rechteck verstreichen. Den Mozzarella darauf verteilen und die Platte im Backofen (Mitte) 10 – 15 Min. backen. Die Käseplatte herausnehmen und auskühlen lassen.

3. Getrocknete Tomaten abtropfen lassen. Tomaten waschen, vierteln und die Stielansätze entfernen. Die Viertel entkernen und mit den getrockneten Tomaten fein würfeln. Beides mit Quark, Salz und Pfeffer mischen. Den Tomatenquark auf die kalte Käseplatte streichen, die Käseplatte von der breiten Seite her vorsichtig aufrollen. Die Rolle in Frischhaltefolie wickeln und bis zum Servieren kalt stellen.

4. Eichblattsalat putzen, in mundgerechte Stücke zupfen, waschen und trocken schleudern. Frühlingszwiebeln putzen, waschen und in Ringe schneiden. Agavendicksaft mit Essig, 3 EL Öl, Senf, Salz und Pfeffer verquirlen. Das Dressing mit Salat und Frühlingszwiebeln mischen.

5. Nach Belieben den Vollkorn-Toast in ca. 1 cm große Würfel schneiden. Das übrige Öl in einer Pfanne erhitzen, die Brotwürfel darin bei mittlerer Hitze rundherum knusprig braun rösten.

6. Die Basilikumrolle aus der Folie wickeln und quer in ca. 1 cm dicke Scheiben schneiden. Den Blattsalat mittig auf zwei Tellern anrichten, mit Croûtons bestreuen und die Scheiben drum herum anrichten.

Low-Carb-Variante

Kaum Kohlenhydrate liefert dieses Gericht, wenn Sie die Croûtons und den Agavendicksaft weglassen.

Garnelensalat mit Wildreis und Pfirsich

ZUBEREITUNG: 30 Min.
KÜHLEN: 1 Std.
PRO PORTION: ca. 405 kcal – 25 g EW – 13 g F – 47 g KH

FÜR 2 PORTIONEN
100 g Wildreis-Basmati-Mischung
Salz
2 Eier
200 g geschälte küchenfertige aufgetaute TK-Garnelen
2 Frühlingszwiebeln
1 Pfirsich
100 g saure Sahne
½ TL Currypulver
½ TL Honig
Pfeffer

1. Die Reismischung mit 200 ml Salzwasser in einen kleinen Topf geben und aufkochen, dann den Reis zugedeckt bei schwacher bis mittlerer Hitze in 10 – 15 Min. weich köcheln lassen.

2. In einen zweiten Topf ca. 5 cm hoch Wasser füllen und aufkochen. Die Eier in das kochende Wasser legen und zugedeckt bei mittlerer Hitze in ca. 10 Min. hart kochen.

3. Inzwischen die Garnelen in einem Sieb kalt abbrausen und abtropfen lassen. Die Frühlingszwiebeln putzen, waschen und in feine Ringe schneiden. Den Pfirsich waschen, halbieren, entsteinen und in ca. 1 cm große Würfel schneiden.

4. Die Reismischung in ein Sieb abgießen, kalt abschrecken und abtropfen lassen. Die Eier herausnehmen, kalt abschrecken, pellen und in grobe Würfel schneiden.

5. Pfirsich, Reismischung, Eier und Garnelen in der angegebenen Reihenfolge in eine Glasschüssel schichten. Saure Sahne mit Currypulver und Honig verrühren, mit Salz und Pfeffer abschmecken und auf den Garnelen verteilen. Zuletzt die Frühlingszwiebelringe aufstreuen und den Salat vor dem Servieren mindestens 1 Std. kalt stellen.

Low-Carb-Variante:
Lassen Sie den Reis weg und erhöhen Sie die Garnelenmenge auf 300 g – so können Sie Kohlenhydrate sparen.

Ratatouille-Salat mit Reis-Feta-Küchlein

ZUBEREITUNG: 35 Min.
PRO PORTION: ca. 825 kcal – 21 g EW – 5 g F – 54 g KH

FÜR 2 PORTIONEN

FÜR DEN SALAT:
1 Zwiebel
1 Zucchino
1 Aubergine
1 gelbe Paprikaschote
3 Tomaten
4 EL Olivenöl
Salz, Pfeffer
1 TL getrocknete Kräuter der Provence
1 EL Crema di balsamico (nach Belieben)

FÜR DIE KÜCHLEIN:
80 g 8-Minuten-Naturreis
Salz
2 Eier
3 EL Weizenvollkornmehl
1 EL Tomatenmark
50 g Schafskäse (Feta)
Pfeffer
2 EL Olivenöl

1. Für die Küchlein den Reis in kochendem Salzwasser nach Packungsangabe garen, dann abgießen und auskühlen lassen.

2. Für den Salat die Zwiebel schälen, halbieren und in schmale Spalten schneiden. Zucchino und Aubergine waschen, putzen, längs halbieren und quer in ca. ½ cm dicke Scheiben schneiden. Paprikaschote halbieren, weiße Trennwände und Kerne entfernen, die Hälften waschen und in ca. 2 cm große Stücke schneiden. Die Tomaten waschen, halbieren und die Stielansätze entfernen. Die Tomatenhälften würfeln.

3. 2 EL Olivenöl in einer großen Pfanne erhitzen, Zwiebel, Paprikaschote, Zucchino und Aubergine darin bei mittlerer bis starker Hitze ca. 5 Min. anbraten, bis das Gemüse beginnt Farbe anzunehmen. Dann die Tomatenwürfel dazugeben, ca. 1 Min. mitbraten und das Gemüse bei mittlerer Hitze ca. 5 Min. köcheln lassen.

4. Das Gemüse in eine Salatschüssel geben und mit dem restlichen Olivenöl mischen, mit Salz, Pfeffer und Kräutern der Provence würzen. Salat abkühlen lassen und erst kurz vor dem Servieren nach Belieben mit Crema di balsamico beträufeln.

5. Inzwischen für die Küchlein Eier, Mehl und Tomatenmark in einer Rührschüssel verrühren. Den Reis untermischen. Den Schafskäse klein würfeln und unterheben. Die Masse mit Salz und Pfeffer abschmecken.

6. Das Olivenöl in einer beschichteten Pfanne erhitzen. Je ein Viertel von der Reismasse mithilfe von zwei Esslöffeln in die Pfanne geben, zu einem Küchlein verstreichen und auf jeder Seite bei mittlerer Hitze ca. 3 Min. braten. Die Küchlein warm oder kalt zum Salat servieren.

Low-Carb-Variante:
Anstelle der Reisküchlein 300 g gebratenes mageres Fleisch oder gegrillten Feta zum Salat servieren.

Salatrollen mit Dip

ZUBEREITUNG: 30 Min.
PRO PORTION: ca. 400 kcal – 23 g EW – 8 g F – 58 g KH

FÜR 2 PORTIONEN
100 g Glasnudeln
8 große Eisbergsalatblätter
200 g küchenfertige, gegarte Garnelen
2 Frühlingszwiebeln
2 Möhren
4 EL helle Sojasauce
1 TL frisch geriebener Ingwer
¼ TL Chiliflocken
4 EL Limettensaft
2 TL Rohrohrzucker
2 TL Sesamöl

1. Glasnudeln in kochendem Wasser nach Packungsangabe garen, dann abgießen, kalt abschrecken und in kurze Stücke schneiden.

2. Salatblätter waschen, trocken tupfen und die dicken Blattrippen entfernen. Die Garnelen kalt abbrausen, abtropfen lassen und fein hacken. Frühlingszwiebeln putzen, waschen und in feine Ringe schneiden. Möhren putzen, schälen und fein raspeln. Nudeln mit Garnelen, Frühlingszwiebeln, Möhren und 2 EL Sojasauce mischen. Die Füllung quer als Streifen mittig auf die Salatblätter setzen. Die Blattseiten nach innen schlagen und die Blätter von unten nach oben eng aufrollen.

3. Ingwer mit übriger Sojasauce, Chiliflocken, Limettensaft, Zucker und Sesamöl verrühren. Den Dip extra zu den Rollen servieren.

Gefüllte Nudelrollen

ZUBEREITUNG: 30 Min.
PRO PORTION: ca. 640 kcal – 20 g EW – 35 g F – 60 g KH

FÜR 2 PORTIONEN
8 Lasagneplatten (nach Belieben Vollkorn), Salz
16 kleine Spinatblätter
200 g Champignons
1 Knoblauchzehe
150 g Ziegenfrischkäse
½ TL getrockneter Thymian
Pfeffer
2 EL Olivenöl
1 TL Crema di balsamico (nach Belieben)

1. Lasagneplatten in kochendem Salzwasser nach Packungsangabe bissfest kochen.

2. Von den Spinatblättern die groben Stiele entfernen, die Blätter waschen und trocken schleudern. Champignons putzen, abreiben und fein hacken. Knoblauch schälen und fein hacken. Pilze, Knoblauch, Ziegenfrischkäse und Thymian vermischen, salzen und pfeffern.

3. Lasagneplatten abgießen, kalt abschrecken und auf einem Tuch ausbreiten. Jedes Nudelblatt in den unteren beiden Dritteln mit je 2 Spinatblättern belegen, mit je 1 gehäuften EL Pilztatar bestreichen. Die Platten von der schmalen Seite her aufrollen, anrichten. Mit Öl und Crema di balsamico beträufeln.

Dazu passt

Mineralwasser oder grüner Tee.

Dazu passt

ein gemischter Salat oder gegrilltes Gemüse.

Auberginen-Nudel-Salat

ZUBEREITUNG: 25 Min.
BACKEN: 30 Min.
PRO PORTION: ca. 615 kcal – 14 g EW – 49 g F – 49 g KH

FÜR 2 PORTIONEN
100 g Vollkorn-Fussili, Salz
1 große Aubergine
1 EL Ras el Hanout (marokkanische Gewürzmischung)
3 EL Olivenöl
50 g Walnusskerne
1 EL Honig
1 TL Limettensaft
1 kleine Handvoll glatte Petersilienblätter
Chiliflocken

1. Backofen auf 200° vorheizen. Fussili in reichlich kochendem Salzwasser nach Packungsangabe bissfest garen, abgießen, abschrecken und abtropfen lassen.

2. Die Aubergine waschen, putzen und in ca. 2 cm dicke Scheiben schneiden. Mit Ras el Hanout und 1 EL Öl mischen, auf einem Backblech verteilen und im Ofen (Mitte) ca. 30 Min. backen, herausnehmen, die Scheiben vierteln.

3. Walnusskerne grob hacken, in einer Pfanne ohne Fett rösten. Honig dazugeben und die Nüsse in ca. 3 Min. karamellisieren lassen. Limettensaft mit übrigem Öl und Petersilie verrühren. Mit Nudeln und Aubergine mischen, mit Salz und Chiliflocken würzen. Den Salat mit Karamellnüssen getoppt servieren.

Asia-Glasnudelsalat

ZUBEREITUNG: 20 Min.
PRO PORTION: ca. 715 kcal – 35 g EW – 43 g F – 47 g KH

FÜR 2 PORTIONEN
100 g breite Glasnudeln
100 g Austernpilze
1 EL Rapsöl
250 g Rinderhackfleisch
Salz, Pfeffer
½ – 1 TL Garam masala
200 g TK-Blattspinat
100 g Bambussprossen (aus dem Glas)
1 rote Chilischote
2 EL Sesamöl
2 EL helle Sojasauce
1 TL helle Sesamsamen

1. Glasnudeln in kochendem Wasser nach Packungsangabe garen, dann abgießen, kalt abschrecken und in kürzere Stücke schneiden.

2. Austernpilze in Streifen schneiden. In einer großen Pfanne das Öl erhitzen, die Pilze darin ca. 2 Min. anbraten, herausnehmen. Hackfleisch in der Pfanne bei starker Hitze scharf anbraten, salzen, pfeffern. Garam masala untermischen, TK-Spinat zum Hackfleisch geben und bei mittlerer Hitze auftauen lassen.

3. Sprossen abtropfen lassen. Chili halbieren, Kerne entfernen, die Hälften waschen und in Streifen schneiden. Mit Nudeln, Pilzen, Fleischmischung und Sprossen mischen. Salat mit Sesamöl und Sojasauce abschmecken und mit Sesamsamen bestreut servieren.

Dazu passen

kurz gebratenes oder gegrilltes Fleisch sowie gebratener Halloumi (zypriotischer Käse).

Dazu passt

kühler Weißwein (z. B. Grauburgunder), kaltes Pils oder grüner Tee.

Beluga-Linsen-Salat mit Fisch und Rucola

ZUBEREITUNG: 25 Min.
PRO PORTION: ca. 460 kcal – 26 g EW – 24 g F – 35 g KH

FÜR 2 PORTIONEN
100 g Belugalinsen
150 g Kabeljau
Salz, Pfeffer
1 TL gemahlener Kreuzkümmel
3 EL Rapsöl
½ Bund Rucola
2 Möhren
1 TL Agavendicksaft
3 EL Weißweinessig

1. Die Linsen in einem Sieb waschen und abtropfen lassen. Dann in 400 ml Wasser bei schwacher Hitze ca. 20 Min. garen, anschließend abgießen. Inzwischen den Fisch kalt abbrausen, mit Küchenpapier trocken tupfen und in mundgerechte Stücke schneiden. Die Kabeljaustücke mit Salz, Pfeffer und der Hälfte des Kreuzkümmels würzen. 1 EL Öl in einer Pfanne erhitzen, den Fisch darin unter Wenden in ca. 4 Min. kross braten, dann herausnehmen.

2. Den Rucola verlesen, waschen und grob hacken. Die Möhren putzen, schälen und mit dem Sparschäler in lange Streifen hobeln. Das restliche Öl mit übrigem Kreuzkümmel, Agavendicksaft, Essig, Salz und Pfeffer verrühren. Alle Zutaten mit dem Dressing vermengen.

Variante: Linsen-Maronen-Salat mit Hähnchen
Für 2 Portionen 100 g Berglinsen in knapp 200 ml Wasser ca. 20 Min. garen. 150 g Hähnchenbrustfilet kalt abbrausen, mit Küchenpapier trocken tupfen und in schmale Streifen schneiden. 1 EL Rapsöl in einer Pfanne erhitzen, die Fleischstreifen darin von allen Seiten in 4 – 5 Min. kross braten. Herausnehmen und in 2 EL Honig wenden. 1 Apfel waschen, vierteln, entkernen und in schmale Spalten schneiden. In einer Pfanne 1 EL Rapsöl erhitzen, Apfel mit 200 g Maronen (gegart, vakuumiert) darin unter Rühren ca. 2 Min. braten. ½ Bund Petersilie waschen, trocken schütteln und die Blättchen fein hacken. 2 EL Rapsöl mit 1 EL Honig, 2 EL Rotweinessig, Salz und Pfeffer verrühren. Das Dressing mit Linsen, Apfel, Maronen und Petersilie mischen und den Salat mit Hähnchenbruststreifen belegen.

Weißer Bohnensalat

ZUBEREITUNG: 15 Min.
ZIEHEN: 30 Min.
PRO PORTION: ca. 275 kcal – 25 g EW – 10 g F – 16 g KH

FÜR 2 PORTIONEN
1 Dose weiße Bohnen (250 g Abtropfgewicht)
1 Dose Thunfisch (im eigenen Saft; 140 g Abtropfgewicht)
2 Tomaten
20 g getrocknete Tomaten
2 EL Kapern
3 Frühlingszwiebeln
½ Bund Rucola
1 EL Olivenöl
Salz, Pfeffer

1. Die Bohnen und den Thunfisch abtropfen lassen. Inzwischen die Tomaten waschen und die Stielansätze entfernen. Die Tomaten in kleine Würfel schneiden. Die getrockneten Tomaten ebenfalls klein würfeln. Die Kapern grob hacken. Die Frühlingszwiebeln putzen, waschen und in feine Ringe schneiden. Den Rucola verlesen, waschen und die dicken Stiele entfernen. Den Rucola grob hacken.

2. Die Bohnen mit Thunfisch, Tomatenwürfeln, Kapern, Frühlingszwiebeln, Rucola und Öl in eine Schüssel geben und mischen. Den Salat mit Salz und Pfeffer würzen und ca. 30 Min. ziehen lassen. Den Salat gegebenenfalls mit Salz und Pfeffer nachwürzen.

Kichererbsensalat

ZUBEREITUNG: 1 Std. 30 Min.
EINWEICHEN: 8 Std. (oder über Nacht)
PRO PORTION: ca. 325 kcal – 12 g EW – 12 g F – 40 g KH

FÜR 2 PORTIONEN
100 g getrocknete Kichererbsen
1 EL Fenchelsamen
1 Grapefruit
1 Fenchelknolle
100 g eingelegte Artischockenherzen
2 EL Aceto balsamico bianco
1 EL Rapsöl, Salz, Pfeffer

1. Die Kichererbsen mindestens 8 Std. oder über Nacht in 250 ml kaltem Wasser einweichen. Dann mit 200 ml frischem Wasser und Fenchelsamen zugedeckt bei schwacher Hitze in ca. 1 Std. 30 Min. weich garen.

2. Grapefruit samt weißer Haut schälen. Die Grapefruitfilets zwischen den weißen Trennhäutchen herauslösen, dabei den Saft auffangen. Filets halbieren oder dritteln. Den Fenchel putzen, waschen, halbieren und die Hälften mit dem Strunk in feine Streifen schneiden. Die Artischocken ebenfalls in Streifen schneiden.

3. Essig, Öl, Grapefruitsaft verrühren. Mit Kichererbsen, übrigem Kochwasser, Grapefruit, Fenchel und Artischocken mischen, salzen und pfeffern. ca. 30 Min. ziehen lassen.

Dazu passt

gegrilltes Steak oder Vollkorn-Bauernbrot.

Dazu passen

gebackener Feta aus der Folie und Vollkornbaguette.

Hummus
MIT
Hackfleischbällchen

ZUBEREITUNG: 1 Std. 20 Min.
EINWEICHEN: 8 Std. (oder über Nacht)
PRO PORTION: ca. 810 kcal – 41 g EW – 55 g F – 36 g KH

FÜR 2 PORTIONEN
100 g getrocknete Kichererbsen
1 Stück Bio-Zitronenschale
1 Bund Petersilie
250 g gemischtes Hackfleisch
2 EL Kichererbsenmehl (ersatzweise Semmelbrösel)
1 EL scharfer Senf
2 EL Joghurt
Salz, Pfeffer
2 EL Sesamöl
2 EL Tahin (Sesampaste)
1 EL Zitronensaft

1. Die Kichererbsen mindestens 8 Std. oder über Nacht in 250 ml kaltem Wasser einweichen. Dann in ein Sieb abgießen und in einem Topf mit 200 ml frischem Wasser und der Zitronenschale zugedeckt bei schwacher Hitze in ca. 1 Std. 30 Min. weich garen.

2. Inzwischen die Petersilie waschen, trocken schütteln und die Blättchen fein hacken. Die Hälfte mit Hackfleisch, Kichererbsenmehl, Senf, Joghurt, Salz und Pfeffer mischen und daraus ca. 16 walnussgroße Bällchen formen. 1 EL Sesamöl in einer Pfanne erhitzen, die Bällchen darin bei mittlerer Hitze von allen Seiten 8 – 10 Min. braten.

3. Die gekochten Kichererbsen samt Kochwasser mit Tahin, Zitronensaft, restlichem Sesamöl, Salz und Pfeffer mit dem Stabmixer fein pürieren. Restliche Petersilie untermischen und mit Salz und Pfeffer abschmecken. Dazu passt frisch gebackenes Fladenbrot oder Pitta.

Würz-Tipp:
Nach Belieben Hummus mit Olivenöl und Zitronensaft beträufeln und mit Harissa und/oder Chiliflocken (Pul Biber) bestreut servieren.

Veggie-Tipp:
Statt Hackbällchen servieren Sie zum Hummus einen Salat. Es passt hervorragend eine Mischung aus Eisbergsalat, Tomate und Gurke mit einem Dressing aus Joghurt, Zitronensaft, Agavendicksaft, Senf, Olivenöl, Salz und Pfeffer.

Warme Mahlzeiten

RÄUCHERTOFU-HOTDOG

BIRNEN-KÄSE-TOAST

MINUTEN-STEAKS MIT POLENTA

EIERPIZZA AUS DER PFANNE

PUTEN-CHILI-CON-CARNE

BROT-LAUCH-AUFLAUF

Schnell was Warmes im Bauch

BIRNEN-KÄSE-TOAST

Für 2 Portionen den Backofen auf 180° vorheizen. Ein Backblech mit Backpapier auslegen. **4 Scheiben Vollkorntoastbrot** toasten. **1 Birne** waschen, vierteln und entkernen. Die Birnenviertel in dünne Spalten schneiden. Die Toastbrotscheiben auf das Backblech legen, jeweils mit **3 Scheiben Lachsschinken**, einem Viertel der Birnen und **30 g gewürfeltem Gorgonzola** belegen. Die Toasts im Backofen (Mitte) ca. 20 Min. überbacken. Herausnehmen und sofort servieren.

RÄUCHERTOFU-HOTDOG

Für 2 Portionen **100 g Räuchertofu** längs halbieren. **1 TL Rapsöl** in einer beschichteten Pfanne erhitzen, den Tofu darin rundherum in 2 – 3 Min. goldbraun braten. **3 EL Schmand** mit **2 TL süßem Senf** in einer Schüssel verrühren und mit **Salz** würzen. **2 Vollkornbaguettebrötchen** quer aufschneiden, die Hälften jeweils mit **1 kleinen Essiggurke in Scheiben**, Tofu und **1 EL Röstzwiebeln** (Fertigprodukt) belegen. Den Senf-Schmand darauf verteilen.

MINUTEN-STEAKS MIT POLENTA

Für 2 Portionen **100 ml Milch, 150 ml Wasser** und **½ TL Salz** in einem Topf aufkochen, **50 g Polenta** unter Rühren einrieseln lassen und bei schwacher Hitze ca. 10 Min. quellen lassen. Inzwischen **150 g TK-Gemüsemischung** nach Packungsangabe auftauen lassen, mit jeweils **1 EL Butter** und **frisch geriebenem Parmesan** unter die Polenta rühren. Die Polenta salzen und **pfeffern. 4 Minuten-Steaks** trocken tupfen. **1 EL Olivenöl** erhitzen, die Steaks darin von beiden Seiten ca. 1 Min. scharf anbraten, salzen, pfeffern und mit der Polenta anrichten.

PUTEN-CHILI-CON-CARNE

Für 2 Portionen **2 Knoblauchzehen** schälen, fein hacken. **1 rote Spitzpaprikaschote** putzen, waschen und in feine Streifen schneiden. **1 EL Olivenöl** in einem Topf erhitzen, **200 g Putenhackfleisch** darin krümelig braten. Knoblauch, Paprika und **1 EL Tomatenmark** dazugeben. Mit **Salz, Pfeffer, Chiliflocken** und **1 TL edelsüßem Paprikapulver** würzen. **400 g stückige Tomaten (aus der Dose), 250 g Kichererbsen-Bohnen-Mix (aus der Dose)** und **140 g Mais (aus der Dose)** dazugeben. Chili-con-Carne aufkochen und bei schwacher Hitze ca. 10 Min. köcheln lassen.

EIERPIZZA AUS DER PFANNE

Für 2 Portionen **5 Eier** mit **50 ml Milch, Salz** und **Pfeffer** verquirlen. **50 g Zuckerschoten** in ½ cm breite Streifen schneiden. **1 EL Rapsöl** in einer beschichteten Pfanne erhitzen. Eiermischung dazugießen, mit Zuckerschoten und **50 g TK-Erbsen** bestreuen und **3 quer halbierte grüne Spargelstangen** darauf anordnen. Mit **20 g geriebenem Bergkäse** bestreuen. Zugedeckt in 10 – 15 Min. fertig stocken lassen.

BROT-LAUCH-AUFLAUF

Für 2 Portionen Backofen auf 200° vorheizen. Eine Tarteform (28 cm ∅) einfetten. **150 ml Milch** mit **1 Ei** verquirlen, **150 g Vollkornbrot in dünnen Scheiben** darin wenden, den Boden der Form damit auslegen. **1 mittelgroße Stange Lauch** in ca. 1 cm breite Ringe schneiden, waschen. Mit **100 g gewürfeltem Kochschinken** sowie **100 g geriebenem Gouda** darauf verteilen. Übrige Eiermilch, **150 g Crème fraîche, 2 Eier, Salz** und **Pfeffer** verquirlen, auf der Lauchmischung verteilen. Auflauf im Ofen (Mitte) ca. 30 Min. backen.

Radieschen-Gemüse mit Pinienkernen und Fischfrikadellen

ZUBEREITUNG: 30 Min.
PRO PORTION: ca. 440 kcal – 24 g EW – 30 g F – 18 g KH

FÜR 2 PORTIONEN

2 Bund Radieschen
2 Scheiben Vollkorntoast
200 g Fischfilet (z. B. Kabeljau)
4 EL gemahlene Mandeln
1 TL mittelscharfer Senf
2 EL Zitronensaft
Salz, Pfeffer
2 EL Rapsöl
3 EL Pinienkerne
1 EL Honig

1. Die Radieschen putzen, waschen, halbieren oder vierteln. Die zarten Radieschenblättchen waschen und fein hacken. Den Toast würfeln und in etwas warmem Wasser einweichen. Die Fischfilets kalt abbrausen, trocken tupfen und ebenfalls in Würfel schneiden.

2. Die Fischwürfel mit Toast, Mandeln, Senf und Zitronensaft im Mixer pürieren und die Masse mit Salz und Pfeffer würzen. 1 EL Rapsöl in einer Pfanne erhitzen, von der Fischmasse mit einem Esslöffel 6 kleine Häufchen in die Pfanne geben, mit dem Löffelrücken leicht platt drücken und von jeder Seite bei mittlerer Hitze 4 – 5 Min. braten.

3. Übriges Öl in einem Topf erhitzen, die Radieschen darin 1 – 2 Min. stark anbraten, Pinienkerne und Honig dazugeben, salzen, pfeffern und unter Rühren in ca. 3 Min. glasig braten. Die gehackten Radieschenblätter dazugeben. Mit Fischfrikadellen anrichten und servieren.

Variante: Radicchio-Gemüse mit Halloumi
Für 2 Portionen 1 Radicchio (ca. 300 g) achteln, nach Belieben den Strunk entfernen. Radicchio waschen, trocken schütteln und in ca. 2 cm breite Streifen schneiden. 1 Zweig Thymian waschen, trocken schütteln und die Blättchen abzupfen. 1 Knoblauchzehe schälen und in feine Scheiben schneiden. 250 g Halloumi längs in 4 Scheiben schneiden, diese halbieren und in Streifen schneiden. Jeweils 1 EL Olivenöl in zwei Pfannen erhitzen, Thymian und Knoblauch in einer Pfanne ca. 1 Min. anbraten. Radicchio dazugeben und bei starker Hitze unter Wenden ca. 2 Min. braten. 2 EL Aceto balsamico und 1 EL Ahornsirup (ersatzweise Honig) dazugeben und 1 Min. weiterbraten, salzen und pfeffern. In der anderen Pfanne den Halloumi in 2 – 3 Min. pro Seite bei starker Hitze knusprig braten. Zum Gemüse servieren.

Tortilla mit Salatpesto

ZUBEREITUNG: 40 Min.
PRO PORTION: ca. 565 kcal – 21 g EW – 45 g F – 18 g KH

FÜR 2 PORTIONEN
150 g Feldsalat
1 Knoblauchzehe
30 g Kürbiskerne
2 EL Kürbiskernöl (ersatzweise Olivenöl)
600 g Möhren
1 EL Olivenöl
3 Eier
4 EL Milch
Salz, Pfeffer
3 EL Sonnenblumenkerne

1. Feldsalat verlesen, putzen, waschen und trocken schleudern. Knoblauch schälen und mit Feldsalat, Kürbiskernen und Kürbiskernöl mit dem Stabmixer fein pürieren.

2. Die Möhren putzen, schälen und in ca. ½ cm dicke Scheiben schneiden. Das Olivenöl in einer beschichteten Pfanne (ca. 24 cm ∅) erhitzen, die Möhren darin bei mittlerer Hitze unter Rühren ca. 3 Min. anbraten.

3. Eier mit Milch verquirlen, salzen und pfeffern. Die Sonnenblumenkerne und ca. 5 TL Salatpesto in Klecksen auf den Möhren verteilen. Eiermilch darübergießen und zugedeckt bei schwacher Hitze ca. 15 Min. stocken lassen. Die Tortilla auf einen Teller stürzen und kurz ruhen lassen, in Achtel schneiden und servieren.

Auberginen-Salbei-Suppe

ZUBEREITUNG: 1 Std.
PRO PORTION: ca. 90 kcal – 3 g EW – 5 g F – 5 g KH

FÜR 2 PORTIONEN
2 kleine Auberginen (ca. 200 g)
½ Bio-Zitrone
3 Salbeiblättchen
600 ml Gemüsebrühe
1 EL Tahin (Sesampaste, ersatzweise Sahne)
Salz, Pfeffer

1. Den Backofen auf 200° vorheizen. Die Auberginen mehrmals mit einer Gabel einstechen, in eine Auflaufform legen und im Ofen (Mitte) in ca. 50 Min. weich backen.

2. Die Zitrone heiß waschen und abtrocknen, die Schale abreiben und den Saft auspressen. Den Salbei waschen und trocken tupfen.

3. Die Auberginen herausnehmen und kurz abkühlen lassen. Das Auberginenfruchtfleisch mit einem Löffel herauslösen und mit Zitronensaft, -schale, Salbei und Brühe in einem Topf aufkochen und ca. 5 Min. köcheln lassen. Den Topf beiseitestellen, Tahin dazugeben und alles mit dem Stabmixer fein pürieren. Die Suppe mit Salz und Pfeffer würzen.

Dazu passt

Feldsalat mit Olivenöl-Balsamico-Dressing oder ein Bier.

Dazu passt

ein Stück Fladenbrot.

Gebratenes Rinderfilet
MIT Sellerie-Salsa UND Süßkartoffelstampf

ZUBEREITUNG: 30 Min.
PRO PORTION: ca. 570 kcal – 31 g EW – 29 g F – 47 g KH

FÜR 2 PORTIONEN
300 g Süßkartoffeln
Salz
2 Stangen Staudensellerie
½ Bund Petersilie
2 EL grüne Oliven (ohne Stein)
1 EL Kapern
2 EL Rosinen
1 TL Rotweinessig
2 EL Olivenöl
1 TL Ahornsirup
2 Scheiben Rinderfilet (ca. 250 g)
Pfeffer
1 EL Butter

1. Die Süßkartoffeln schälen und grob klein schneiden. Die Kartoffelstücke in ca. 175 ml kochendem Salzwasser in ca. 10 Min. weich garen.

2. Inzwischen für die Salsa den Staudensellerie putzen, waschen und in dünne Scheiben schneiden. Die Petersilie waschen, trocken schütteln und die Blättchen grob hacken. Oliven, Kapern und Rosinen ebenfalls grob hacken. Petersilie mit Oliven, Kapern, Rosinen, Staudensellerie, Rotweinessig, 1 EL Olivenöl und Ahornsirup mischen.

3. Das Rinderfilet mit Küchenpapier trocken tupfen. Das restliche Öl in einer Pfanne erhitzen, das Filet darin bei starker Hitze scharf anbraten, dann von jeder Seite ca. 3 Min. (je nach gewünschtem Gargrad) braten. Die Pfanne vom Herd nehmen und das Fleisch kurz ruhen lassen, mit Salz und Pfeffer würzen.

4. Die Süßkartoffeln samt Kochwasser und Butter mit dem Kartoffelstampfer zu einem stückigen Stampf zerdrücken. Den Stampf mit Salz und Pfeffer würzen. Den Süßkartoffelstampf mit dem Filet und der Sellerie-Salsa anrichten und servieren.

Veggie-Tipp:
Anstatt Rinderfilet passt auch gut gebratener oder gegrillter Halloumi (zypriotischer Käse) zur Salsa und zum Süßkartoffelstampf.

Risotto mit Topinambur

ZUBEREITUNG: 35 Min.
PRO PORTION: ca. 540 kcal – 18 g EW – 24 g F – 48 g KH

FÜR 2 PORTIONEN
200 g Topinambur (ersatzweise Kartoffeln)
1 kleine Zwiebel
1 EL Olivenöl
125 g Perlgraupen
300–350 ml Gemüsebrühe
125 ml kräftiger Rotwein (z. B. Merlot)
100 g Gorgonzola
Salz, Pfeffer

1. Topinambur putzen, schälen und klein würfeln. Zwiebel schälen und würfeln. Öl in einem Topf erhitzen, Zwiebel und Topinambur darin ca. 2 Min. andünsten. Die Graupen dazugeben und ca. 2 Min. mitdünsten. Die Brühe erhitzen.

2. Topinambur und Graupen mit Rotwein ablöschen und den Wein unter Rühren vollständig verkochen lassen. 1 Schöpflöffel heiße Brühe dazugeben und unter Rühren von den Graupen vollständig aufsaugen lassen, dann die nächste Schöpfkelle Brühe dazugeben.

3. Den Gorgonzola würfeln. Wenn die Brühe aufgebraucht ist und die Graupen gar sind, den Gorgonzola im Risotto schmelzen lassen. Den Risotto mit Salz und Pfeffer abschmecken.

Risotto mit Grünkohl

ZUBEREITUNG: 35 Min.
PRO PORTION: ca. 790 kcal – 32 g EW – 49 g F – 42 g KH

FÜR 2 PORTIONEN
1 kleine Zwiebel
2 TL Olivenöl
125 g Dinkel wie Reis (Supermarkt)
50 ml Weißwein
500 ml Gemüsebrühe
300 g TK-Grünkohl
2 Salsicce (rohe italienische Bratwurst)
Salz, Pfeffer
10 g Parmesan

1. Zwiebel schälen und fein würfeln. 1 TL Öl in einem weiten Topf erhitzen, Zwiebel und Dinkel darin ca. 1 Min. andünsten. Mit Wein ablöschen und diesen unter Rühren vollständig verkochen lassen. Die Brühe erhitzen.

2. Den gefrorenen Grünkohl und 1 Schöpflöffel heiße Brühe in den Topf geben, aufkochen und diese bei mittlerer Hitze und unter gelegentlichem Rühren einkochen lassen, dann die nächste Schöpfkelle Brühe dazugeben.

3. Salsicce häuten und zu ca. 2 cm großen Kugeln formen. Übriges Öl erhitzen, die Wurstkugeln darin rundherum in 2 – 3 Min. goldbraun anbraten. Wenn die Brühe vollständig verkocht und der Dinkel bissfest ist, den Risotto salzen und pfeffern. Mit den Wurstbällchen anrichten und den Parmesan darüberhobeln.

Dazu passen

in Olivenöl gebratene Salbeiblätter als Topping.

Dazu passt

ein Blattsalat mit Birnenstückchen und Essig-Öl-Dressing.

Pfannkuchen mit Gemüse und Frischkäse

ZUBEREITUNG: 35 Min.
PRO PORTION: ca. 560 kcal – 32 g EW – 27 g F – 47 g KH

FÜR 2 PORTIONEN

FÜR DEN TEIG:
50 g Dinkelmehl (Type 1050)
50 g Dinkelmehl (Type 630)
Salz
2 Eier
200 ml Milch
4 TL Öl zum Backen

FÜR DIE FÜLLUNG:
200 g gemischte Pilze (z. B. Champignons, Austernpilze und Pfifferlinge)
150 g Zuckerschoten
200 g Zucchini
1 TL Rapsöl
150 g Kräuterfrischkäse
3 EL Sahne
Salz, Pfeffer

1. Für die Pfannkuchen beide Mehlsorten mit ¼ TL Salz in einer Rührschüssel mischen. Nach und nach Eier und Milch mit den Quirlen des Handrührgeräts unterschlagen, bis ein glatter, flüssiger Teig entstanden ist. Den Teig ca. 10 Min. ruhen lassen.

2. Inzwischen die Pilze trocken abreiben, von den trockenen Schnittstellen befreien und in mundgerechte Stücke schneiden. Zuckerschoten waschen, abtropfen lassen und schräg halbieren. Die Zucchini waschen, putzen, längs vierteln und in Scheiben schneiden.

3. 1 TL Öl in einer großen Pfanne erhitzen, das Gemüse darin ca. 3 Min. anbraten. Frischkäse und Sahne dazugeben und den Frischkäse bei schwacher bis mittlerer Hitze schmelzen lassen. Die Füllung mit Salz und Pfeffer abschmecken und warm halten.

4. In einer großen beschichteten Pfanne 1 TL Öl mit einem Backpinsel verstreichen und erhitzen. Ein Viertel des Teigs einfüllen, durch Schwenken der Pfanne verteilen und bei mittlerer Hitze ca. 2 Min. backen. Pfannkuchen wenden und in ca. 2 Min. fertig backen, dann warm halten. Aus dem übrigen Teig und Öl 3 weitere Pfannkuchen backen.

5. Ein Viertel der Füllung auf jeweils eine Hälfte der Pfannkuchen geben, die freie Hälfte darüberklappen. Pfannkuchen sofort servieren.

Variante: Apfelstrudel-Pfannkuchen
Für süße Pfannkuchen 1 Prise Salz und 1 EL Rohrohrzucker in den Teig geben. Für die Füllung 50 g Sahne steif schlagen und mit ½ TL Zimtpulver und 1 TL Rohrohrzucker unter 150 g Apfelmus (aus dem Glas) heben. Pfannkuchen mit Apfelschnee bestreichen, mit je 1 EL gehackten Mandelkernen bestreuen, aufrollen und genießen.

Quiche mit Wirsing

ZUBEREITUNG: 25 Min.
BACKEN: 35 Min.
PRO PORTION: ca. 265 kcal – 6 g EW – 20 g F – 15 g KH

FÜR 1 TARTEFORM MIT 24 CM ∅

250 g + 1 EL Weizenvollkornmehl
Salz
100 ml + 2 EL Rapsöl
300 g Wirsing
1 Birne
50 g durchwachsener Räucherspeck
200 g saure Sahne
3 Eier
Pfeffer
50 g Haselnusskerne

1. 250 g Mehl und ½ TL Salz mit 100 ml Öl und 2 – 3 EL Wasser mit den Händen zu einem krümeligen Teig verkneten.

2. Backofen auf 200° vorheizen. Wirsing putzen, würfeln, waschen und abtropfen lassen. 1 EL Öl erhitzen, Wirsing darin zugedeckt bei mittlerer Hitze ca. 7 Min. andünsten. Inzwischen die Birne waschen, vierteln, entkernen und quer in Scheiben schneiden. Den Speck in Streifen schneiden. Die saure Sahne mit Eiern, Salz und Pfeffer verquirlen.

3. Die Form mit übrigem Öl einfetten, mit übrigem Mehl ausstreuen. Die Teigkrümel in die Form geben, mit den Händen an Boden und Rand festdrücken. Wirsing, Birne und Speck mischen, auf dem Teig verteilen, mit Eiermix übergießen. Nüsse grob hacken und darüberstreuen. Die Quiche im Ofen (Mitte) 30 – 35 Min. backen.

Süßkartoffel-Crumble

ZUBEREITUNG: 20 Min.
BACKEN: 45 Min.
PRO PORTION: ca. 345 kcal – 6 g EW – 21 g F – 33 g KH

FÜR 1 TARTEFORM MIT 24 CM ∅

40 g kalte Butter in Stücken
70 g Dinkelvollkornmehl
Salz
40 g gehackte Haselnüsse
400 g Süßkartoffeln
2 Tomaten, 1 EL Olivenöl
1 TL Kreuzkümmelpulver
10 g Butter für die Form

1. Backofen auf 200° vorheizen. Tarteform mit Butter einfetten. 40 g Butter, Mehl, ¼ TL Salz und Nüsse mit den Händen zu einem krümeligen Teig verkneten. Den Teig kalt stellen.

2. Süßkartoffeln schälen und in feine Scheiben hobeln. Tomaten waschen, von den Stielansätzen befreien und in dünne Scheiben schneiden. Süßkartoffeln und Tomaten mit Öl und Kreuzkümmel mischen, in die Tarteform schichten, salzen und mit den Teigkrümeln bestreuen.

3. Süßkartoffel-Crumble im Backofen (Mitte) ca. 45 Min. backen, bis das Gemüse weich und die Oberfläche knusprig ist.

Dazu passt

ein knackiger Blattsalat mit Frühlingszwiebeln und Olivenöl-Balsamico-Dressing.

Dazu passen

gegrillter Fisch oder Feta, kurz gebratenes Fleisch oder ein gemischter Salat.

Gemüsesticks mit Ketchup

ZUBEREITUNG: 10 Min.
BACKEN: 25 Min.
PRO PORTION: ca. 585 kcal – 21 g EW – 32 g F – 50 g KH

FÜR 2 PORTIONEN

1 kleiner Hokkaido-Kürbis (ca. 800 g)
200 g Topinambur
4 EL Olivenöl
¼ TL Currypulver
1 TL rosenscharfes Paprikapulver, Salz
100 g gelbe Linsen
400 ml Tomatensaft
2 Frühlingszwiebeln
1 EL Tomatenmark
Pfeffer

1. Backofen auf 220° vorheizen. Den Kürbis waschen, entkernen und in fingergroße Spalten schneiden. Topinambur schälen und in Spalten schneiden. Beides mit Öl, Currypulver, ½ TL Paprikapulver und Salz mischen, die Mischung auf einem Backblech verteilen. Im Ofen (Mitte) ca. 25 Min. backen.

2. Linsen waschen und abtropfen lassen. Mit Tomatensaft in einem Topf aufkochen und zugedeckt bei schwacher Hitze 12 – 15 Min. garen. Frühlingszwiebeln putzen, waschen und in feine Ringe schneiden. Die Linsen mit dem Stabmixer so pürieren, dass noch ein paar Linsen erkennbar sind. Frühlingszwiebeln mit Tomatenmark und übrigem Paprikapulver untermischen. Ketchup mit Salz und Pfeffer würzen und zu den Gemüsesticks servieren.

Kürbissuppe mit Crôutons

ZUBEREITUNG: 30 Min.
PRO PORTION: ca. 420 kcal – 14 g EW – 31 g F – 20 g KH

FÜR 2 PORTIONEN

300 g Hokkaido-Kürbis
1 kleine Zwiebel
1 Birne
2 EL Olivenöl
50 g frisch geriebener Parmesan
Salz, Pfeffer
1 Scheibe Vollkornbrot
2 EL Walnusskerne
2 Salbeiblätter

1. Kürbis waschen, entkernen und würfeln. Zwiebel schälen. Birne waschen, vierteln und entkernen. Zwiebel und Birne würfeln.

2. 1 EL Öl erhitzen, Zwiebel, Kürbis und Birne darin ca. 2 Min. andünsten. 500 ml Wasser dazugießen, aufkochen und zugedeckt bei schwacher Hitze ca. 15 Min. köcheln lassen. Den Topf beiseitestellen. Die Suppe fein pürieren, Parmesan untermixen, salzen und pfeffern.

3. Brot in ca. 1 cm große Würfel schneiden. Walnusskerne grob hacken. Übriges Öl in einer Pfanne erhitzen, Salbeiblätter darin knusprig braten, herausnehmen. Brotwürfel und gehackte Walnüsse in derselben Pfanne knusprig rösten. Suppe mit Croûtons und Salbei servieren.

Dazu passen

Kidneybohnen-Burger mit Tomaten-Zwiebel-Salsa und Avocado (siehe S. 138).

Dazu passen

Sauerteig-Brötchen (siehe S. 38) oder Slow-Carb-Brot mit Möhren und Zucchini (siehe S. 36).

Orientalisches Gemüse mit Roter Bete und Getreidebratlingen

ZUBEREITUNG: 50 Min.
PRO PORTION: ca. 900 kcal – 21 g EW – 53 g F – 80 g KH

FÜR 2 PORTIONEN

100 g geschroteter Grünkern
300 ml + 3 EL Gemüsebrühe
1 Bund Rote Beten (ca. 500 g)
2 Zwiebeln
1 Knoblauchzehe
50 g getrocknete Datteln
½ Bio-Orange
1 EL Rapsöl
1 TL gemahlener Kreuzkümmel
Salz, Pfeffer
1 kleine Pastinake
½ Bund Petersilie
1 Ei
2 EL frisch geriebener Parmesan
2 EL Olivenöl
4 EL gehackte Haselnusskerne

1. Den Grünkern mit 300 ml Brühe in einem kleinen Topf aufkochen und zugedeckt bei schwacher Hitze 15 – 20 Min. köcheln lassen. Den Topf vom Herd nehmen und den Grünkern abkühlen lassen.

2. Inzwischen die Roten Beten vom Grün befreien, schälen und in mundgerechte Würfel schneiden (am besten mit Einmalhandschuhen). Zwiebeln und Knoblauch schälen. Zwiebeln würfeln und Knoblauch fein hacken. Datteln grob würfeln. Die Orange heiß waschen und abtrocknen, die Schale fein abreiben, den Saft auspressen. Rapsöl in einem Topf erhitzen, die Hälfte der Zwiebeln und Knoblauch darin glasig dünsten. Die Roten Beten dazugeben und bei mittlerer Hitze unter Rühren ca. 5 Min. braten. 3 EL Brühe, den Orangensaft und die Datteln dazugeben. Mit Kreuzkümmel, Orangenschale, Salz und Pfeffer würzen. Das Gemüse bei schwacher Hitze ca. 5 Min. köcheln lassen.

3. Pastinake schälen und grob raspeln. Die Petersilie waschen, trocken schütteln und die Blättchen fein hacken. Alles mit den restlichen Zwiebeln, dem Grünkern, Ei, Parmesan, Salz und Pfeffer mischen.

4. Das Olivenöl in einer Pfanne erhitzen. Mit einem Esslöffel von der Grünkernmasse kleine Häufchen in die Pfanne geben, mit dem Löffelrücken leicht platt drücken und jeweils von beiden Seiten bei mittlerer Hitze 4 – 5 Min. braten. Das Rote-Bete-Gemüse mit den Haselnusskernen bestreuen und zu den Bratlingen servieren.

Reste-Tipp:
Sollte Gemüse übrig bleiben, können Sie es mit etwas Rotweinessig mischen und am nächsten Tag als Salat essen.

Ofengemüse mit Crostini

ZUBEREITUNG: 20 Min.
GAREN: 25 Min.
PRO PORTION: ca. 635 kcal – 18 g EW – 42 g F – 45 g KH

FÜR 2 PORTIONEN
½ Hokkaido-Kürbis (ca. 400 g)
1 Fenchelknolle
1 kleiner Kopf Radicchio
4 EL Olivenöl
1 ½ EL flüssiger Honig
1 TL getrockneter Rosmarin
Salz, Pfeffer
6 Scheiben Vollkornbaguette
100 g Scamorza (geräucherter Mozzarella, ersatzweise Ziegenkäserolle)

1. Den Backofen auf 220° vorheizen. Den Kürbis waschen, entkernen und in ca. 2 cm breite Spalten schneiden. Den Fenchel waschen, halbieren und den Strunk entfernen. Die Hälften in ca. 1 cm breite Spalten schneiden. Den Radicchio waschen und vierteln.

2. Öl mit Honig, Rosmarin, Salz und Pfeffer verrühren. Mit Fenchel und Kürbis mischen und auf ein Backblech geben. Im Ofen (Mitte) ca. 25 Min. backen, ab und zu wenden. In den letzten 10 Min. den Radicchio untermischen.

3. Baguettescheiben in einer Pfanne ohne Fett von beiden Seiten rösten. Scamorza in 6 Scheiben schneiden, auf die Brotscheiben legen und in den letzten 5 Min. neben das Gemüse auf das Backblech legen und überbacken.

Gefüllte Champignons

ZUBEREITUNG: 20 Min.
GAREN: 25 Min.
PRO PORTION: ca. 370 kcal – 22 g EW – 14 g F – 36 g KH

FÜR 2 PORTIONEN
400 g TK-Blattspinat
100 g Dinkel wie Reis (Supermarkt)
Salz
8 Riesenchampignons (350 g)
1 Zwiebel
1 EL Olivenöl
100 g Frischkäse mit Frühlingszwiebeln
Pfeffer

1. Den Spinat auftauen lassen. Den Dinkel wie Reis nach Packungsangabe in Salzwasser garen. Die Champignons trocken abreiben, die Stiele entfernen und klein hacken.

2. Die Zwiebel schälen und fein würfeln. Das Öl in einem Topf erhitzen, die Zwiebel darin glasig dünsten. Spinat dazugeben, ca. 3 Min. mitdünsten, dann salzen und pfeffern. Den Backofen auf 220° vorheizen.

3. Dinkel mit Champignonstielen und Frischkäse mischen, salzen und pfeffern. Den Spinat in eine Auflaufform (ca. 20 × 30 cm) geben. Die Champignons mit der Dinkelmasse füllen, in den Spinat setzen und im Backofen (Mitte) 20 – 25 Min. backen.

Dazu passt

kurz gebratenes oder gegrilltes Fleisch.

Dazu passt

gegrilltes oder gebratenes Fischfilet.

Kabeljau
mit Kräuter-Nuss-Kruste und Kartoffel-Pastinaken-Püree

ZUBEREITUNG: 40 Min.
GAREN: 15 Min.
PRO PORTION: ca. 740 kcal – 35 g EW – 48 g F – 41 g KH

FÜR 2 PORTIONEN

FÜR DAS PÜREE:
300 g mehligkochende Kartoffeln
200 g Pastinaken
Salz
30 g Butter
125 ml Milch

FÜR DEN FISCH:
¼ Bund Petersilie
50 g gemahlene Haselnüsse
2 EL Vollkornsemmelbrösel
4 EL weiche Butter
Salz, Pfeffer
2 Kabeljaufilets (ca. 300 g)

AUSSERDEM:
Butter für die Form

1. Für das Püree die Kartoffeln waschen und schälen. Die Pastinaken putzen, schälen und mit den Kartoffeln in ca. 2 cm große Würfel schneiden. In einem Topf Salzwasser aufkochen, die Gemüsewürfel darin zugedeckt bei mittlerer Hitze in ca. 15 Min. weich kochen.

2. Den Backofen auf 200° vorheizen. Eine Auflaufform (ca. 20 × 30 cm) einfetten. Für den Fisch die Petersilie waschen, trocken schütteln und die Blättchen fein hacken. Die Petersilie mit Nüssen, Semmelbröseln und weicher Butter in eine Schüssel geben und alles mit einer Gabel zu einer glatten Masse vermengen, mit Salz und Pfeffer abschmecken.

3. Die Kabeljaufilets kalt abbrausen, trocken tupfen, salzen, pfeffern und in die Auflaufform legen. Die Nuss-Kräuter-Masse darauf verteilen und etwas andrücken. Den Fisch im Ofen (Mitte) je nach Dicke ca. 15 Min. backen, bis der Fisch gar und die Kruste goldbraun ist.

4. Kartoffeln und Pastinaken in ein Sieb abgießen, abtropfen lassen und durch die Kartoffelpresse zurück in den Topf drücken. Butter und Milch in einem kleinen Topf erhitzen, bis die Butter geschmolzen ist. Die heiße Milch zur Kartoffel-Pastinaken-Mischung geben und mit dem Schneebesen glatt verrühren. Das Püree mit Salz abschmecken und mit dem Fisch anrichten.

Low-Carb-Variante:
Lassen Sie die Semmelbrösel in der Kruste weg und ersetzen Sie die Kartoffeln im Püree durch die gleiche Menge Topinambur.

Slow-Carb-Pizza mit Artischocken und Schinken

ZUBEREITUNG: 20 Min.
RUHEN: 1 Std.
BACKEN: 15 Min.
BEI 8 STÜCKEN pro Stück:
ca. 210 kcal – 9 g EW – 9 g F – 23 g KH

FÜR 1 BLECH (6 – 8 STÜCKE)

½ Würfel Hefe (ca. 21 g)
1 TL Rohrohrzucker
100 g Dinkelmehl (Type 630)
150 g Dinkelvollkornmehl
Salz
2 EL Olivenöl
1 Knoblauchzehe (nach Belieben)
200 g stückige Tomaten (aus der Dose)
1 TL getrockneter Oregano
Pfeffer
1 Glas Artischockenherzen (280 g Abtropfgewicht)
125 g Ricotta
60 g Lachsschinken

AUSSERDEM:

Olivenöl und Mehl fürs Blech
Mehl zum Arbeiten

1. Die Hefe in ein Schälchen bröckeln. Mit Zucker und 50 ml lauwarmem Wasser verrühren, bis sich beides gelöst hat. Beide Mehlsorten, ½ TL Salz, 1 EL Olivenöl, das Hefewasser und 75 ml lauwarmes Wasser in einer großen Schüssel mit den Knethaken des Handrührgeräts glatt verkneten. Sollte der Teig zu trocken sein, etwas warmes Wasser dazugeben. Zugedeckt an einem warmen Ort ca. 1 Std. gehen lassen.

2. Inzwischen den Knoblauch schälen, fein hacken und mit Tomaten und Oregano verrühren. Den Sugo mit Salz und Pfeffer abschmecken. Ein Backblech mit Öl einpinseln und mit Mehl bestreuen. Den Ofen auf 250° vorheizen. Artischocken in ein Sieb abgießen und abtropfen lassen, dann vierteln. Den Teig auf einer bemehlten Arbeitsfläche etwa auf Blechgröße ausrollen und auf das Blech legen.

3. Den Teig mit dem Tomatensugo bestreichen. Ricotta mit einem Teelöffel in kleinen Häufchen daraufsetzen. Artischockenviertel auf der Pizza verteilen. Diese mit Salz und Pfeffer würzen und mit dem restlichen Olivenöl beträufeln. Die Pizza im Backofen (2. Schiene von unten) in ca. 15 Min. knusprig backen. Die Pizza herausnehmen, mit dem Schinken belegen, in Stücke schneiden und servieren.

Variante: Flammkuchen mit Feigen
Ofen samt Blech auf 250° vorheizen. Teig in zwei Portionen teilen, sehr dünn auf je 1 Bogen Backpapier ausrollen. 150 g Ziegenfrischkäse mit 50 g Schmand verrühren, auf den Teig streichen. Jeden Flammkuchen mit 2 frischen Feigen in Scheiben und je 2 EL gehackten Walnusskernen belegen, salzen, pfeffern, mit 1 EL Olivenöl und 1 TL Ahornsirup beträufeln. 1 Flammkuchen samt Papier aufs heiße Blech ziehen und ca. 8 Min. backen. Mit 50 g Parmaschinken in dünnen Scheiben belegen und servieren. Zweiten Flammkuchen genauso backen.

Senf-Hähnchen mit Wildreis und Pistazien

ZUBEREITUNG: 20 Min.
PRO PORTION: ca. 895 kcal – 50 g EW – 50 g F – 60 g KH

FÜR 2 PORTIONEN
125 g Basmati-Wildreis-Mischung
Salz
60 g geschälte ungesalzene Pistazienkerne
300 g Hähnchenbrustfilet
Pfeffer
2 EL süßer Senf
1 EL Rapsöl
150 g Sahne

1. Die Reismischung mit 250 ml Salzwasser in einen Topf geben, alles aufkochen und bei schwacher bis mittlerer Hitze 10 – 15 Min. köcheln lassen. Die Pistazienkerne grob hacken und in einer Pfanne ohne Fett bei mittlerer Hitze rösten, bis sie duften.

2. Hähnchenbrustfilet mit kaltem Wasser abbrausen, mit Küchenpapier trocken tupfen und in Streifen schneiden. Die Hähnchenbruststreifen mit Salz, Pfeffer und 1 EL süßem Senf in einer Schüssel mischen.

3. Das Öl in einer Pfanne erhitzen, die Hähnchenbruststreifen darin ca. 2 Min. anbraten. Die Sahne dazugießen, aufkochen und die Sauce offen bei mittlerer Hitze ca. 5 Min. köcheln lassen. Die Sauce mit Salz, Pfeffer und dem restlichen Senf abschmecken. Den Reis abgießen, mit den Pistazienkernen mischen und zum Hähnchen servieren.

Variante: Hähnchengeschnetzeltes
50 g durchwachsenen Speck in Streifen schneiden. 1 kleine Zwiebel schälen und fein würfeln. Die Hähnchenbruststreifen mit Salz, Pfeffer und 1 EL mittelscharfem Senf mischen und wie im Rezept beschrieben anbraten. Speck und Zwiebel dazugeben und 2 Min. mitbraten. Die Sahne angießen, aufkochen, die Sauce bei mittlerer Hitze ca. 5 Min. köcheln lassen. Mit Salz, Pfeffer und mittelscharfem Senf würzen. Dazu passt Kartoffel-Pastinaken-Püree (siehe S. 110).

Möhrenreis mit Lachsfilet

ZUBEREITUNG: 25 Min.
PRO PORTION: ca. 525 kcal – 21 g EW – 24 g F – 57 g KH

FÜR 2 PORTIONEN
3 Möhren (ca. 250 g)
1 ½ EL Rapsöl
125 g 8-Minuten-Naturreis
250 ml Möhrensaft mit Apfel und Honig
Salz
1–2 TL Currypulver
2 Lachsfilets (à ca. 150 g)
1 EL Zitronensaft
Pfeffer

1. Möhren putzen, schälen und in Scheiben schneiden. ½ EL Öl in einem Topf erhitzen, Möhren und Reis darin ca. 1 Min. anbraten. Die Hälfte des Möhrensafts angießen und aufkochen, dann den Reis bei schwacher Hitze köcheln lassen, bis der Reis den Saft vollständig aufgesaugt hat. Dann immer wieder Saft dazugießen, bis der Reis und die Möhren gar sind. Mit Salz und Currypulver abschmecken.

2. Inzwischen die Lachsfilets kalt abbrausen, trocken tupfen und mit Zitronensaft beträufeln. Etwa 5 Min. bevor der Reis fertig ist, das übrige Öl in einer Pfanne erhitzen. Die Lachsfilets salzen, pfeffern und darin bei mittlerer Hitze von beiden Seiten ca. 2 Min. braten. Den Lachs mit dem Reis anrichten.

Fischfilet mit Paprikasahne

ZUBEREITUNG: 20 Min.
PRO PORTION: ca. 695 kcal – 35 g EW – 39 g F – 52 g KH

FÜR 2 PORTIONEN
Salz
125 g 8-Minuten-Naturreis
1 kleine gelbe Paprikaschote
1 kleine rote Paprikaschote
2 Rotbarschfilets (ca. 300 g)
Pfeffer
1 EL Rapsöl
1 EL Ajvar
150 g Sahne

1. 250 ml Salzwasser in einem Topf aufkochen, den Reis dazugeben und zugedeckt bei kleiner Hitze in 8–10 Min. gar kochen lassen.

2. Inzwischen die Paprikaschoten vierteln, weiße Trennwände und Kerne entfernen, die Viertel waschen und quer in dünne Streifen schneiden. Die Fischfilets kalt abbrausen, mit Küchenpapier trocken tupfen, quer halbieren, salzen und pfeffern.

3. Das Rapsöl in einer Pfanne erhitzen, die Paprikastreifen darin ca. 5 Min. andünsten, salzen und pfeffern. Ajvar dazugeben und kurz mitdünsten. Die Sahne dazugießen und aufkochen. Die Fischfilets in die Sauce legen und zugedeckt bei mittlerer Hitze in ca. 5 Min. gar ziehen lassen. Mit Naturreis servieren.

Dazu passt

Weißwein (z. B. Sauvignon blanc) oder Apfelsaftschorle.

Dazu passt

ein gemischter Salat mit Essig-Öl-Dressing.

Blitzschnelle Paella

ZUBEREITUNG: 20 Min.
PRO PORTION: ca. 405 kcal – 24 g EW – 17 g F – 38 g KH

FÜR 2 PORTIONEN
250 g TK-Meeresfrüchte
1 kleine Zwiebel
2 Knoblauchzehen
1 gelbe Paprikaschote
2 EL Olivenöl
Salz, Pfeffer
1–2 TL edelsüßes Paprikapulver
200 g stückige Tomaten (aus der Dose)
250 g vorgegarter Naturreis für die Pfanne oder Mikrowelle (aus dem Supermarkt)

1. Die Meeresfrüchte auftauen lassen. Zwiebel und Knoblauch schälen und klein würfeln. Die Paprikaschote halbieren, weiße Trennwände und Kerne entfernen, die Hälften waschen und ca. 2 cm groß würfeln.

2. 1 EL Olivenöl in einer großen Pfanne erhitzen, die Meeresfrüchte darin 2–3 Min. anbraten, herausnehmen und beiseitestellen. Zwiebel, Knoblauch und Paprikawürfel in die Pfanne geben und ca. 3 Min. anbraten. Mit Salz, Pfeffer und Paprikapulver würzen. Tomaten dazugeben und aufkochen, alles bei mittlerer Hitze ca. 5 Min. köcheln lassen.

3. Reis nach Packungsangabe in der Pfanne oder Mikrowelle erhitzen. Mit den Meeresfrüchten unter die Sauce heben. Mit Salz, Pfeffer und Paprikapulver abschmecken und mit dem restlichen Öl beträufeln.

Zucchini mit Gorgonzola

ZUBEREITUNG: 20 Min.
BACKEN: 25 Min.
PRO PORTION: ca. 490 kcal – 20 g EW – 35 g F – 24 g KH

FÜR 2 PORTIONEN
300 g mehligkochende Kartoffeln
Salz
400 g dicke Zucchini
Pfeffer
100 g Gorgonzola
3 EL Sonnenblumenkerne
1 EL Olivenöl

1. Kartoffeln waschen, schälen und würfeln. In einen Topf 5 cm hoch Wasser füllen, aufkochen und salzen. Kartoffeln dazugeben und bei mittlerer Hitze in ca. 15 Min. weich garen. Kartoffeln abgießen, kurz ausdampfen lassen.

2. Ein Blech mit Backpapier auslegen. Zucchini waschen, putzen und in Scheiben schneiden, diese nach Belieben nebeneinander auf das Blech legen, salzen und pfeffern. Gorgonzola würfeln. Ofen auf 200° vorheizen.

3. Kartoffeln grob zerdrücken, den Gorgonzola untermischen. Die Masse salzen, pfeffern und auf den Zucchinischeiben verteilen. Mit Sonnenblumenkernen bestreuen, mit Öl beträufeln und im Ofen (Mitte) ca. 25 Min. überbacken.

Dazu passt

ein Salat aus gemischtem Schnittsalat (z. B. Eichblattsalat, Rucola, Feldsalat).

Dazu passen

gegrilltes Fleisch und Kurzgebratenes oder gegrillter Fisch.

Risotto mit Speckwürfeln

ZUBEREITUNG: 1 Std.
PRO PORTION: ca. 495 kcal – 14 g EW – 26 g F – 50 g KH

FÜR 2 PORTIONEN
2 Möhren
1 Petersilienwurzel
1 Knoblauchzehe
2 EL Rapsöl
100 g Vollkornrisottoreis
400 ml Gemüsebrühe
250 g Kürbisfruchtfleisch
2 dickere Scheiben roher Schinken (ca. ½ cm; z. B. Schwarzwälder Schinken)
2 Frühlingszwiebeln
40 g Parmesan
2 EL Sahne
Salz, Pfeffer

1. Möhren, Petersilienwurzel und Knoblauch schälen, alles fein würfeln. 1 EL Öl erhitzen, das Gemüse darin bei starker Hitze unter Rühren ca. 3 Min. anbraten. Den Reis dazugeben und ca. 1 Min. mitbraten. Mit so viel Brühe ablöschen, dass der Reis gerade bedeckt ist. Brühe nachgießen, sobald die Flüssigkeit eingekocht ist, dabei immer wieder rühren. Das Aufgießen wiederholen, bis der Reis bissfest ist.

2. Kürbis und Schinken würfeln. Frühlingszwiebeln putzen, waschen und in feine Ringe schneiden. Parmesan fein reiben. Übriges Öl in einer Pfanne erhitzen, Kürbis-, Schinkenwürfel und Frühlingszwiebeln darin in ca. 5 Min. kross anbraten. Wenn der Reis bissfest ist, den Herd abschalten. Parmesan und Sahne unterrühren, mit Salz und Pfeffer würzen. Reis zugedeckt ca. 10 Min. ruhen lassen.

Blumenkohl-Reis-Puffer

ZUBEREITUNG: 40 Min.
PRO PORTION: ca. 440 kcal – 22 g EW – 20 g F – 42 g KH

FÜR 2 PORTIONEN
70 g parboiled Reis
200 g Blumenkohl
50 g Bergkäse
4 EL Haferflocken
2 EL ungeschälte Sesamsamen
2 EL Schnittlauchröllchen
2 Eier
1 TL Currypulver
Salz, Pfeffer
2 EL Rapsöl

1. Den Reis in kochendem Salzwasser nach Packungsangabe bissfest kochen und anschließend ausquellen lassen.

2. Blumenkohl putzen, waschen und grob raspeln. Bergkäse fein reiben. Käse mit Reis, Blumenkohl, Haferflocken, Sesamsamen, Schnittlauch und Eiern mischen. Mit Currypulver, Salz und Pfeffer kräftig würzen.

3. 1 EL Öl in einer großen Pfanne erhitzen, die Hälfte des Teigs in 5 – 6 Portionen mit einem Esslöffel in die Pfanne geben und zu Puffern formen. Von jeder Seite bei mittlerer Hitze in 3 – 4 Min. goldbraun braten. Mit übrigem Öl und Pufferteig ebenso verfahren.

Dazu passt

ein bunter Herbstsalat mit Vinaigrette.

Dazu passt

Spitzkohl-Nuss-Salat (siehe S. 66) oder Wildkräutersalat mit Speckstreifen (siehe S. 56).

Hackfleischbraten mit Gemüse und Schafskäse

ZUBEREITUNG: 25 Min.
BACKEN: 50 Min.
PRO PORTION: ca. 635 kcal – 33 g EW – 36 g F – 43 g KH

FÜR 2 PORTIONEN
1 Knoblauchzehe
150 g Rinderhackfleisch
25 g 8-Minuten-Naturreis
2 kleine Eier (Größe S)
Salz, Pfeffer
½ TL gemahlener Kreuzkümmel
25 g getrocknete Softaprikosen
400 g Steckrübe (ersatzweise Süßkartoffeln)
100 g Schafskäse (Feta)
75 g Sahnejoghurt (10 % Fett)
1 TL Ras el Hanout (marokkanische Gewürzmischung)
1 EL Olivenöl

AUSSERDEM:
Olivenöl für die Form

1. Den Backofen auf 200° vorheizen. Eine Auflaufform (ca. 15 × 20 cm) mit Öl einfetten. Den Knoblauch schälen und fein hacken. Hackfleisch mit Knoblauch, Reis, 1 Ei, Salz, Pfeffer und Kreuzkümmel in eine Schüssel geben und mit den Händen zu einem glatten Teig verkneten. Den Fleischteig in die Auflaufform geben und verstreichen.

2. Die Softaprikosen fein würfeln. Die Steckrübe putzen, schälen und auf der Gemüsereibe grob raspeln. Aprikosen und Steckrübenraspel mischen und auf dem Hackfleischteig verteilen.

3. Den Schafskäse mit einer Gabel grob zerdrücken, mit Sahnejoghurt, 1 TL Ras el Hanout, dem restlichen Ei und ½ EL Olivenöl verrühren. Den Guss mit Salz und Pfeffer abschmecken und auf der Steckrüben-Aprikosen-Mischung verteilen.

4. Das restliche Olivenöl über den Hackbraten träufeln. Den Braten im Ofen (Mitte) ca. 50 Min. backen, bis der Guss gestockt und die Oberfläche goldbraun ist. Den Hackbraten herausnehmen, in Stücke schneiden und servieren. Dazu passt ein Blattsalat mit Vinaigrette.

Low-Carb-Variante:
Wer kohlenhydratreduziert essen möchte, der kann den Reis im Hackfleischteig einfach weglassen.

Mediterrane Variante:
Den Hackfleischteig statt mit Kreuzkümmel mit getrocknetem Oregano würzen und die Aprikosen weglassen. Für den Belag die Steckrübe durch 300 g grob geraspelte Zucchini und 1 rote Paprikaschote in Streifen ersetzen. Den Guss anstelle von Ras el Hanout mit 1 TL getrockneten Kräutern der Provence oder 2 TL Pesto (aus dem Glas) würzen.

No-Carb-Variante:
Die Fleischmasse ohne Reis zubereiten, das Gemüse weglassen, nur den Fetaguss auf dem Hackfleisch verteilen und ca. 35 Min. backen.

Saltimbocca mit Kabeljau und Pilznudeln

ZUBEREITUNG: 40 Min.
BACKEN: 15 Min.
PRO PORTION: ca. 890 kcal – 69 g EW – 48 g F – 45 g KH

FÜR 2 PORTIONEN

FÜR DIE PILZNUDELN:
300 g Pfifferlinge
1 EL Mehl
1 Knoblauchzehe
10 Salbeiblätter
1 Handvoll Basilikumblätter
20 g Parmesan
2 EL Vollkornsemmelbrösel
3 EL Olivenöl
Salz, Pfeffer
100 g kurze Vollkornnudeln (z. B. Hörnchen, Farfalle)

FÜR DAS SALTIMBOCCA:
4 kleine Kabeljaufilets (à 75 g)
Salz, Pfeffer
4 Scheiben Parmaschinken
4 Salbeiblätter
1 TL Olivenöl

AUSSERDEM:
4 Holzspießchen

1. Für die Nudeln die Pfifferlinge in eine Schüssel mit kaltem Wasser geben. Das Mehl darüberstreuen und mit einem Löffel kräftig umrühren. So löst sich der an den Pilzen haftende Schmutz, bindet sich an das Mehl und sinkt auf den Boden der Schüssel. Die Pfifferlinge mit einer Schaumkelle herausnehmen und auf Küchenpapier geben.

2. Den Backofen auf 220° vorheizen. Knoblauch schälen und durch die Presse drücken. Salbei und Basilikum waschen, trocken tupfen und hacken. Parmesan reiben. Knoblauch mit Kräutern, Semmelbröseln, Parmesan und Öl verrühren, mit Salz und Pfeffer würzen.

3. Die Pilze in eine Auflaufform geben, salzen und pfeffern. Die Kräuter-Brösel-Mischung darauf verteilen und die Pilze im Ofen (Mitte) ca. 15 Min. backen. Inzwischen die Nudeln in reichlich kochendem Salzwasser nach Packungsangabe bissfest kochen.

4. Gleichzeitig die Fischfilets kalt abbrausen und trocken tupfen, mit Salz und Pfeffer würzen. Jedes Filet mit je 1 Scheibe Parmaschinken und 1 Salbeiblatt belegen und jeweils mit einem Holzspießchen feststecken.

5. Das Öl in einer Pfanne erhitzen, die Fischfilets mit der Salbei-Schinken-Seite nach unten in die Pfanne legen und ca. 1 Min. scharf anbraten. Die Filets wenden und bei mittlerer Hitze in ca. 2 Min. gar ziehen lassen, dann herausnehmen und warm halten.

6. Die Nudeln abgießen und abtropfen lassen. Die Pilze mit den Nudeln in einer Schüssel mischen, mit Salz und Pfeffer abschmecken. Die Pilznudeln anrichten, je 2 Fischfilets darauflegen und servieren.

Low-Carb-Variante:

Die Nudeln weglassen und nur die gebackenen Pilze aus dem Ofen zum Fisch servieren. Dann aber 500 g Pilze verwenden.

Asiatische Nudelsuppe

ZUBEREITUNG: 20 Min. | **PRO PORTION:** ca. 260 kcal – 16 g EW – 2 g F – 40 g KH

FÜR 2 PORTIONEN: 100 g japanische Buchweizennudeln (Soba-Nudeln), 600 ml Gemüsebrühe, 100 g Pak Choi (ersatzweise Romanasalat), 1 Möhre, 70 g geschälte gegarte Garnelen, 2 EL helle Sojasauce, Pfeffer

1. Nudeln in kochend heißem Wasser ca. 5 Min. ziehen lassen. Dann abgießen, kalt abbrausen, abtropfen lassen. Brühe aufkochen. Pak Choi putzen, waschen und in schmale Streifen schneiden. Möhre putzen, schälen und fein stifteln. Garnelen kalt abbrausen, trocken tupfen. Gemüse in der Brühe ca. 2 Min. köcheln lassen. Nudeln und Garnelen anrichten, Brühe mit Gemüse daraufgeben. Mit Sojasauce und Pfeffer würzen.

Minestrone mit Weizen

ZUBEREITUNG: 20 Min. | **PRO PORTION:** ca. 395 kcal – 15 g EW – 23 g F – 30 g KH

FÜR 2 PORTIONEN: 30 g Parmaschinken, 125 g weiße Bohnen (aus der Dose), 1 EL Olivenöl, 300 g gemischtes TK-Gemüse, 40 g vorgegarter Weizen (Supermarkt), 4 EL Pesto rosso (aus dem Glas), Salz, Pfeffer

1. Den Schinken in Streifen schneiden. Die Bohnen in einem Sieb abtropfen lassen. Das Öl in einem Topf erhitzen, Schinken und Gemüse darin bei mittlerer Hitze ca. 2 Min. dünsten.

2. 700 ml Wasser dazugießen und aufkochen. Weizen und Bohnen dazugeben und alles ca. 10 Min. köcheln lassen. Die Minestrone mit Pesto rosso, Salz und Pfeffer würzen und servieren.

Linsensuppe mit gebratenen Austernpilzen

ZUBEREITUNG: 20 Min. | **PRO PORTION:** ca. 300 kcal – 14 g EW – 9 g F – 37 g KH

FÜR 2 PORTIONEN: 80 g gelbe Linsen, 500 ml Gemüsebrühe, 1 Apfel, ½ Stange Lauch, 1 Knoblauchzehe, 1 Zweig Thymian, ½ TL Kurkumapulver, 150 g Austernpilze, 1 EL Rapsöl, 1 EL Honig, Salz, Pfeffer

1. Linsen waschen, in Brühe ca. 5 Min. garen. Apfel waschen, entkernen, zerkleinern. Lauch putzen, waschen, in Ringe schneiden. Knoblauch schälen, hacken. Thymian waschen, Blätter abzupfen. Alles mit Kurkuma und Salz zugeben, 10 Min. köcheln. Pilze putzen, in Streifen schneiden. Öl erhitzen, Pilze darin kross braten, salzen, pfeffern. Honig unterrühren. Pilze in der Suppe servieren.

Tomaten-Reis-Suppe mit Räuchertofu

ZUBEREITUNG: 15 Min. | **PRO PORTION:** ca. 370 kcal – 14 g EW – 22 g F – 27 g KH

FÜR 2 PORTIONEN: 1 Zwiebel, 2 EL Olivenöl, 400 ml Tomatensaft, 200 ml Gemüsebrühe, 40 g 8-Minuten-Naturreis, 100 g Räuchertofu, Salz, Pfeffer, 1 TL Honig, 2 TL Pesto (aus dem Glas)

1. Die Zwiebel schälen und hacken. 1 EL Öl erhitzen, die Zwiebel darin glasig dünsten. Tomatensaft und Brühe dazugeben und aufkochen. Reis hinzufügen und in ca. 8 Min. weich kochen. Tofu klein würfeln. Übriges Öl in einer Pfanne erhitzen, den Tofu darin kross anbraten, dann salzen und pfeffern. Suppe mit Honig, Salz und Pfeffer würzen, mit Tofu anrichten und mit Pesto beträufeln.

Slow-Carbonara

ZUBEREITUNG: 25 Min.
PRO PORTION: ca. 535 kcal – 26 g EW – 20 g F – 61 g KH

FÜR 2 PORTIONEN
180 g Vollkornspaghetti
Salz
1 kleine Fenchelknolle
½ rote Paprikaschote
40 g Parmesan
1 Ei
1 EL Pesto (aus dem Glas)
Pfeffer
1 EL Rapsöl

1. Die Spaghetti in reichlich kochendem Salzwasser nach Packungsangabe bissfest garen. Inzwischen den Fenchel putzen, waschen und vierteln. Die Viertel mit dem Strunk in feine Streifen schneiden. Die Paprikaschote putzen, waschen und in feine Streifen schneiden. Parmesan fein reiben. Ei mit Pesto, etwas Salz und Pfeffer verquirlen.

2. Die Spaghetti abgießen, dabei das Kochwasser auffangen. Das Öl in einer Pfanne erhitzen, Fenchel- und Paprikastreifen darin ca. 2 Min. anbraten. Spaghetti, Ei, Parmesan und 1–2 Schöpfkellen Kochwasser unterrühren. Alles ca. 2 Min. braten und sofort servieren.

Cannelloni mit Fenchel

ZUBEREITUNG: 30 Min.
BACKEN: 30 Min.
PRO PORTION: ca. 590 kcal – 37 g EW – 31 g F – 39 g KH

FÜR 2 PORTIONEN
1 kleine Fenchelknolle
1 Knoblauchzehe
200 g geschälte küchenfertige Riesengarnelen
2 EL Olivenöl
125 g Ricotta
Salz, Pfeffer
8 Cannelloni (ohne Vorkochen)
400 g stückige Tomaten (aus der Dose)
1 TL Fenchelsamen
1 TL getrockneter Oregano
4 EL geriebener Parmesan

1. Den Backofen auf 200° vorheizen. Den Fenchel waschen, halbieren und den Strunk entfernen, die Hälften grob würfeln. Den Knoblauch schälen. Die Garnelen kalt abbrausen, abtropfen lassen. Mit Fenchel und Knoblauch im Blitzhacker klein hacken.

2. 1 EL Öl in einer Pfanne erhitzen, die Garnelen-Fenchel-Mischung darin ca. 3 Min. andünsten. Dann mit dem Ricotta mischen. Die Masse salzen, pfeffern und mit einem kleinen Löffel in die Cannelloni füllen. Diese in eine passende Auflaufform legen.

3. Die Tomaten mit 100 ml Wasser, Salz, Pfeffer und Kräutern in einem Topf geben, alles aufkochen und über die Cannelloni gießen. Mit dem Parmesan bestreuen, mit dem übrigen Öl beträufeln. Die Cannelloni im Ofen (Mitte) in ca. 30 Min. goldbraun überbacken.

Dazu passt
ein grüner Blattsalat mit Olivenöl-Balsamico-Dressing.

Dazu passt
ein gemischter Salat mit Vinaigrette.

Zucchinispaghetti mit Pinienkernen und Zitronensahne

ZUBEREITUNG: 25 Min.
PRO PORTION: ca. 705 kcal – 22 g EW – 37 g F – 71 g KH

FÜR 2 PORTIONEN
1 EL Pinienkerne (ersatzweise Sonnenblumenkerne)
200 g Vollkornspaghetti
Salz
1 mittelgroßer Zucchino (ca. 300 g)
200 g Sahne
1 TL abgeriebene Schale von 1 Bio-Zitrone
Pfeffer
2 EL frisch geriebener Parmesan (nach Belieben)

1. Die Pinienkerne in einer Pfanne ohne Fett bei mittlerer Hitze rösten, bis sie duften. Dann auf einem Teller abkühlen lassen. Die Spaghetti in reichlich kochendem Salzwasser nach Packungsangabe bissfest garen.

2. Inzwischen den Zucchino waschen, putzen, längs halbieren und auf dem Gemüsehobel oder mit dem Sparschäler längs in schmale lange Streifen hobeln. Die Sahne mit der Zitronenschale in einer weiten Pfanne oder im Wok aufkochen und offen bei mittlerer Hitze ca. 3 Min. köcheln lassen.

3. Die Spaghetti in ein Sieb abgießen, abtropfen lassen und mit den Zucchinistreifen unter die Sahne mischen. Die Nudelmischung mit Salz und Pfeffer abschmecken und noch ca. 2 Min. köcheln lassen, bis die Sauce und die Spaghetti sich schön sämig verbunden haben. Dann die Zucchinispaghetti anrichten, mit den gerösteten Pinienkernen und nach Belieben mit dem Parmesan bestreuen und servieren.

Low-Carb-Variante:
Die Spaghetti weglassen und stattdessen 500 g Zucchinistreifen in der Zitronensahne garen. Die Zucchinispaghetti zu gebratenem Fleisch oder Fisch servieren.

Eintopf mit Kichererbsen

ZUBEREITUNG: 35 Min.
PRO PORTION: ca. 450 kcal – 20 g EW – 20 g F – 47 g KH

FÜR 2 PORTIONEN
1 Zwiebel
2 Möhren
2 Pastinaken
300 g Rindergulasch (mager)
1 – 2 TL Harissa (marokkanische Gewürzpaste)
2 EL Olivenöl
1 EL Tomatenmark
1 Dose Kichererbsen (240 g Abtropfgewicht)
Salz

1. Die Zwiebel schälen und fein würfeln. Die Möhren und Pastinaken putzen, schälen und in kleine Würfel schneiden. Die Rindfleischwürfel mit 1 TL Harissa und 1 EL Öl vermischen.

2. Das übrige Öl in einem Topf erhitzen, das Fleisch darin ca. 2 Min. scharf anbraten. Die Zwiebel, Möhren und Pastinaken dazugeben und ca. 2 Min. mitbraten. Das Tomatenmark unterrühren und kurz mitrösten.

3. Fleisch und Gemüse mit Wasser bedecken und aufkochen. Den Eintopf zugedeckt bei schwacher Hitze ca. 15 Min. köcheln lassen. Die Kichererbsen abtropfen lassen, dann dazugeben. Den Eintopf mit Harissa und Salz würzen. Vor dem Servieren ca. 5 Min. ruhen lassen.

Cassoulet mit Bohnen

ZUBEREITUNG: 15 Min.
BACKEN: 1 Std.
PRO PORTION: ca. 565 kcal – 51 g EW – 18 g F – 47 g KH

FÜR 2 PORTIONEN
200 g Pastinaken
1 Möhre
2 Stangen Staudensellerie
1 Dose dicke weiße Bohnen (250 g Abtropfgewicht)
300 g Putenschnitzel
400 g stückige Tomaten (aus der Dose)
2 EL Olivenöl
1 TL getrocknetes Bohnenkraut, Salz, Pfeffer
4 EL Vollkornsemmelbrösel

1. Den Ofen auf 200° vorheizen. Die Pastinaken und Möhre putzen und schälen. Den Staudensellerie putzen und waschen. Alle drei Zutaten in ca. 1 cm große Würfel schneiden. Die Bohnen in ein Sieb abgießen, kalt abbrausen und abtropfen lassen.

2. Die Putenschnitzel kalt abbrausen, trocken tupfen und in Streifen schneiden. Mit Gemüse, Bohnen, Tomaten, 1 EL Olivenöl und Bohnenkraut in einer Auflaufform (ca. 20 × 30 cm) mischen, salzen und pfeffern.

3. Das Cassoulet im Ofen (Mitte) ca. 35 Min. garen. Dann mit den Semmelbröseln bestreuen, mit dem restlichen Olivenöl beträufeln und in ca. 25 Min. knusprig überbacken.

Dazu passen
Sauerteig-Brötchen (siehe S. 38).

Dazu passt
Vollkornbaguette zum Stippen.

Grünes Fischcurry mit Kichererbsen und Spargel

ZUBEREITUNG: 25 Min.
EINWEICHEN: 8 Std. (oder über Nacht)
KOCHEN: 1 Std. 30 Min.
PRO PORTION: ca. 375 kcal – 29 g EW – 11 g F – 37 g KH

FÜR 2 PORTIONEN

70 g Kichererbsen
1 Stängel Zitronengras
200 g Kabeljaufilet
200 g grüner Spargel
2 Schalotten
150 g Kartoffeln
1 Limette
½ Bund Koriandergrün
1 EL Kokosöl
500 ml Gemüsebrühe
100 ml Kokosmilch (aus der Dose)
1 TL grüne Currypaste (ersatzweise scharfes Currypulver)
50 g Erbsen (frisch, ohne Schoten oder TK)
Salz, Pfeffer

1. Die Kichererbsen mindestens 8 Std. oder über Nacht in 200 ml kaltem Wasser einweichen. Das Zitronengras waschen, dritteln und mit dem Messerrücken anquetschen. Dann mit den Kichererbsen und 200 ml frischem Wasser in einem Topf zugedeckt bei schwacher Hitze in ca. 1 Std. 30 Min. weich garen. Danach die Kichererbsen abgießen.

2. Den Kabeljau kalt abbrausen, mit Küchenpapier trocken tupfen und in mundgerechte Stücke schneiden. Den Spargel waschen und das untere Drittel schälen, die Enden abschneiden. Die Schalotten schälen und fein hacken. Die Kartoffeln ebenfalls schälen und in mundgerechte Stücke schneiden. Den Saft der Limette auspressen. Das Koriandergrün waschen, trocken schütteln und samt den Stielen fein hacken.

3. Das Kokosöl in einem Topf erhitzen, Schalotten und Kartoffeln darin bei mittlerer Hitze unter Rühren ca. 3 Min. anbraten. Gemüsebrühe und Kokosmilch dazugießen, die Currypaste unterrühren und alles aufkochen. Fisch, Spargel und Erbsen dazugeben und zugedeckt bei schwacher Hitze ca. 5 Min. köcheln lassen. Die Kichererbsen hinzufügen und erhitzen. Das Fischcurry mit Limettensaft, Salz und Pfeffer würzen und mit Koriandergrün bestreut servieren.

Veggie-Tipp:
Als Alternative zum Fisch können Sie für eine vegetarische Variante gebratenen Tofu verwenden und wie den Fisch im Curry servieren.

Putenspießchen mit warmem Kichererbsensalat

ZUBEREITUNG: 35 Min.
PRO PORTION: ca. 590 kcal – 36 g EW – 39 g F – 22 g KH

FÜR 2 PORTIONEN

200 g Putenschnitzel
1 TL gemahlener Kreuzkümmel
½ TL edelsüßes Paprikapulver
4 EL Rapsöl
250 g Blumenkohl
2 Stangen Staudensellerie
1 Dose Kichererbsen (240 g Abtropfgewicht)
1 kleine Zwiebel
3 EL Erdnüsse
5 EL Aceto balsamico bianco
Salz, Pfeffer
4 Schaschlikspieße

1. Die Putenschnitzel kalt abbrausen, mit Küchenpapier trocken tupfen und längs in Streifen schneiden. Kreuzkümmel, Paprikapulver und 1 EL Öl in einer Schüssel verrühren. Die Putenstreifen dazugeben, untermischen und ca. 10 Min. ziehen lassen.

2. Inzwischen den Blumenkohl putzen, waschen und grob hacken. Den Staudensellerie putzen, waschen und in dünne Scheiben schneiden. Die Kichererbsen abgießen, kalt abbrausen und abtropfen lassen. Die Zwiebel schälen und in dünne Ringe schneiden.

3. 1 EL Öl in einer Pfanne erhitzen, Zwiebelringe, Blumenkohl und Staudensellerie darin ca. 2 Min. scharf anbraten. Die Kichererbsen dazugeben und alles bei mittlerer Hitze ca. 3 Min. braten. Das Gemüse in eine Schüssel geben, dann mit Essig, 1 EL Öl und Erdnüssen mischen. Den Kichererbsensalat salzen und pfeffern.

4. Die Putenstreifen auf die Spieße stecken. Das restliche Öl in einer Pfanne erhitzen, die Putenspieße darin von beiden Seiten ca. 1 Min. scharf anbraten, dann von jeder Seite in ca. 3 Min. durchbraten.

Tipp:
Zum Dippen 150 g Joghurt mit ½ TL gemahlenem Kreuzkümmel, 1 gehackten Knoblauchzehe und 1 EL Limettensaft glatt rühren.

Low-Carb-Tipp:
Lassen Sie die Kichererbsen weg und machen Sie einen leckeren Gemüsesalat aus den oben genannten Zutaten. Wer möchte, gibt noch 1 rote Paprikaschote in Würfeln dazu.

Kidneybohnen-Burger mit Tomaten-Zwiebel-Salsa und Avocado

ZUBEREITUNG: 45 Min.
PRO STÜCK: ca. 460 kcal – 8 g EW – 26 g F – 44 g KH

FÜR 3 BURGER

1 TL Koriandersamen
2 Knoblauchzehen
1 Dose Kidneybohnen (255 g Abtropfgewicht)
4 EL blütenzarte Haferflocken
6 EL Dinkelmehl (Type 630)
Salz, Pfeffer
1 TL rosenscharfes Paprikapulver
2 EL Rapsöl
2 Tomaten
1 kleine rote Zwiebel
2 TL Rohrohrzucker
1 EL Aceto balsamico bianco
3 Stängel Koriandergrün
1 kleine Avocado
1 TL Limettensaft
¼ – ½ TL Chiliflocken
3 Salatblätter
3 Roggen-Toastbrötchen

1. Die Koriandersamen im Mörser grob zerstoßen. Knoblauch schälen. Die Bohnen in ein Sieb abgießen, kalt abbrausen und abtropfen lassen, dann in eine Schüssel geben und mit dem Stabmixer grob zermusen. Den Knoblauch mit der Knoblauchpresse dazupressen.

2. Bohnen-Knoblauch-Mus mit Koriander, Haferflocken und Mehl mit den Händen zu einem glatten Teig verarbeiten. Die Masse mit Salz, Pfeffer und Paprikapulver pikant würzen und mit angefeuchteten Händen daraus drei handtellergroße flache Buletten formen. 1 ½ EL Öl in einer Pfanne erhitzen, die Buletten darin bei mittlerer Hitze von jeder Seite ca. 4 Min. braten.

3. Tomaten waschen, halbieren und die Stielansätze entfernen. Hälften in Spalten schneiden. Zwiebel schälen, in dünne Spalten schneiden.

4. Restliches Öl in einem kleinen Topf erhitzen, die Zwiebel darin glasig dünsten. Zucker dazugeben und die Zwiebel unter Rühren karamellisieren lassen. Mit Essig ablöschen, dann die Tomaten dazugeben und die Salsa noch offen ca. 5 Min. köcheln lassen. Salsa mit Salz würzen und etwas abkühlen lassen. Koriandergrün waschen, trocken schütteln, die Blättchen fein hacken und unter die Salsa rühren.

5. Die Avocado halbieren und den Stein entfernen. Das Fruchtfleisch aus der Schale lösen, in kleine Würfel schneiden und sofort mit dem Limettensaft vermischen. Mit Chiliflocken und Salz würzen.

6. Salatblätter waschen, trocken tupfen, dicke Blattrippen entfernen und die Blätter in mundgerechte Stücke zupfen. Brötchen toasten, mit Salatblättern belegen, Avocado darauf verteilen. Bohnenbulette auflegen, Tomatensalsa daraufgeben und den Brötchendeckel auflegen.

Lachseintopf mit Bohnen

ZUBEREITUNG: 35 Min.
PRO PORTION: ca. 505 kcal – 34 g EW – 32 g F – 19 g KH

FÜR 2 PORTIONEN
1 Zwiebel
300 g grüne Bohnen
1 EL Olivenöl
800 ml Tomatensaft
200 g Lachsfilet
100 g Schafskäse (Feta)
Salz, Pfeffer
1 TL getrocknetes Bohnenkraut

1. Die Zwiebel schälen und in feine Würfel schneiden. Die Bohnen waschen, putzen und in ca. 2 cm lange Stücke schneiden.

2. Das Öl in einem Topf erhitzen, Zwiebel und Bohnen darin bei mittlerer Hitze ca. 5 Min. andünsten. Den Tomatensaft dazugießen, aufkochen und den Eintopf zugedeckt bei schwacher Hitze 15 – 20 Min. köcheln lassen, bis die Bohnen gar sind.

3. Den Lachs kalt abbrausen und ca. 2 cm groß würfeln. Den Feta zerbröckeln. Den Eintopf mit Salz, Pfeffer und Bohnenkraut würzen. Die Herdplatte ausschalten, die Lachswürfel in den Eintopf geben und in ca. 3 Min. gar ziehen lassen. Eintopf mit Feta bestreut servieren.

Linsen mit Kabeljaufilets

ZUBEREITUNG: 35 Min.
PRO PORTION: ca. 550 kcal – 48 g EW – 23 g F – 32 g KH

FÜR 2 PORTIONEN
100 g Lauch
2 EL Olivenöl
125 g Beluga-Linsen
4 EL Aceto balsamico
1 TL Rohrohrzucker
Salz, Pfeffer
2 Kabeljaufilets (à ca. 150 g)
4 dünne Scheiben durchwachsener Räucherspeck

1. Den Lauch putzen, längs aufschneiden, gründlich waschen und quer in feine Streifen schneiden. 1 EL Öl in einem Topf erhitzen, den Lauch darin ca. 1 Min. andünsten. Linsen und 375 ml Wasser dazugeben und aufkochen. Die Linsen bei schwacher Hitze 20 – 30 Min. garen.

2. Inzwischen Essig und Rohrzucker in einem kleinen Topf offen bei mittlerer Hitze siruparti einkochen. Die Linsen damit würzen und mit Salz und Pfeffer abschmecken.

3. Fisch kalt abbrausen, trocken tupfen, salzen, pfeffern. Jedes Filet mit 2 Scheiben Speck umwickeln. Öl erhitzen, die Filets darin mit der Specknaht nach unten bei mittlerer Hitze ca. 3 Min. braten, wenden und in 3 – 4 Min. fertig braten. Mit den Linsen servieren.

Dazu passt

Roggen-Sauerteigbrot oder Slow-Carb-Brot (siehe S. 36).

Dazu passen

auch noch Salzkartoffeln.

Auch mal was Süßes

FRUCHTEIS AM STIEL

ENERGIEKUGELN

QUARK-SESAM-HONIG-PARFAIT

ZITRONEN-BUTTERMILCH-CREME

SÜSSER HIRSESALAT

PUMPERNICKELTRIFLE

Naschwerk aus der Turboküche

FRUCHTEIS AM STIEL

Für 4 Stück **100 g Erdbeeren** waschen und putzen. Mit **200 g Melonenfruchtfleisch** und **Blättchen von 2 Stängeln Minze** im Mixer pürieren. Nach Belieben (und je nach Süße der Früchte) mit **etwas Vanillezucker** süßen. **4 Eisformen** vorsichtig mit der Masse füllen und für mindestens 4 Std. ins Tiefkühlfach stellen. Kurz vor dem Verzehr in heißes Wasser tauchen und das Eis am Stiel aus der Form lösen.

ENERGIEKUGELN

Für ca. 15 Stück **100 g Kürbiskerne, 4 EL Haferflocken, 150 g getrocknete Aprikosen, 100 g getrocknete Cranberrys, 2 EL Honig** und **2 EL Kürbiskernöl** im Blitzhacker fein hacken und daraus 15 walnussgroße Kugeln formen. Gekühlt halten sie sich ca. 1 Woche.

QUARK-SESAM-HONIG-PARFAIT

Für 1 Mini-Kastenform **250 g Quark (20 % Fett), 150 g griechischer Joghurt (10 % Fett)** und **2 EL Honig** verrühren. **4 EL ungeschälte Sesamsamen** unterrühren. Alles in eine mit Frischhaltefolie ausgelegte Kastenform (15 cm) füllen. **50 g getrocknete Feigen** und **20 g weiße Schokolade** getrennt fein hacken und mit **je 1 EL schwarzen und hellen Sesamsamen** mischen, auf der Masse verteilen, leicht andrücken. Parfait für ca. 4 Std. ins Tiefkühlfach stellen. Vor dem Servieren kurz antauen lassen und in Scheiben schneiden. Mit Feigen oder Mangowürfeln servieren.

ZITRONEN-BUTTERMILCH-CREME

Für 2 Portionen **300 g Buttermilch** mit dem **Saft und der Schale von ½ Bio-Zitrone, 1 – 2 EL Rohrohrzucker** und **1 Päckchen Gelatine fix** in einer Schüssel verrühren. In Gläschen füllen, kalt stellen und fest werden lassen. **3 EL Stärke** mit **kaltem Wasser** verrühren. **50 ml Limoncello** erwärmen, die Stärke einrühren und unter Rühren aufkochen lassen. **100 ml Limoncello** einrühren und abkühlen lassen. Die Buttermilchcreme mit der Limoncello-Sauce und **1 EL gehackten Pistazien** garnieren.

SÜSSER HIRSESALAT

Für 2 Portionen **80 g Hirse** kalt abbrausen und abtropfen lassen. Mit **400 ml Orangensaft, ½ TL Vanillemark** und **1 Prise Salz** aufkochen und 5 – 10 Min. köcheln lassen. Auf der abgeschalteten Herdplatte zugedeckt ca. 10 Min. ausquellen lassen. **30 g getrocknete Datteln** grob hacken, **2 Aprikosen** waschen, entsteinen und würfeln. **2 EL Mandelstifte** in einer Pfanne ohne Fett rösten. Alles mit einer Sauce aus **4 EL saurer Sahne, 1 EL Vanillezucker** und **2 EL Orangensaft** genießen.

PUMPERNICKELTRIFLE

Für 2 Portionen **100 g Pumpernickel** grob zerbröckeln, in einer Pfanne anrösten, herausnehmen und abkühlen lassen. **250 g Quark (20 % Fett)** mit **2 EL Orangensaft** verrühren. **40 g Zartbitterschokolade** fein hobeln. **60 g Haselnusskerne** grob hacken und in einer Pfanne ohne Fett rösten, bis sie duften. **1 EL Rohrohrzucker** und **2 EL Wasser** dazugeben und karamellisieren, dann abkühlen lassen. In zwei Gläser je ein Viertel Pumpernickelbrösel geben, **je 1 EL Preiselbeermarmelade** darauf verteilen, je ein Viertel Quarkcreme daraufgeben, je ein Viertel Haselnuss-Krokant und Schokolade daraufstreuen. Die übrigen Zutaten genauso einschichten.

Dinkel-Tarte mit Joghurt-Mousse und Cranberrykompott

ZUBEREITUNG: 35 Min.
BACKEN: 30 Min.
KÜHLEN: 2 Std.
PRO STÜCK: ca. 465 kcal – 8 g EW – 23 g F – 54 g KH

FÜR 1 TARTEFORM MIT 25 CM ∅ (8 STÜCKE)

FÜR DEN TEIG:

75 g Dinkelmehl (Type 1050)
150 g Dinkelmehl (Type 630)
75 g Rohrohrzucker
1 Ei
125 g kalte Butter

FÜR DIE FÜLLUNG:

500 g Joghurt
70 g Rohrohrzucker
1 gestrichener TL Agar-Agar
100 ml Milch
150 g Sahne
½ Päckchen Bourbon-Vanille-puddingpulver
320 g Cranberrykompott (aus dem Glas)

AUSSERDEM:

Fett für die Form
Mehl zum Arbeiten
300 g Hülsenfrüchte zum Backen

1. Den Backofen auf 180° vorheizen. Die Form einfetten. Beide Mehlsorten mit Zucker, Ei und Butter mit den Knethaken des Handrührgeräts zu einem krümeligen Teig verkneten. Den Teig zu einer Kugel formen, in Frischhaltefolie wickeln und ca. 30 Min. kalt stellen.

2. Den Teig auf einer bemehlten Arbeitsfläche etwas größer als die Form ausrollen und in die Form legen. Den Teig mit einer Gabel mehrmals einstechen. 1 Bogen Backpapier auf den Teig legen und mit den Hülsenfrüchten beschweren. Den Teigboden im Ofen (Mitte) 25 – 30 Min. backen. Dann herausnehmen, Backpapier und Hülsenfrüchte entfernen und den Teigboden auskühlen lassen.

3. Für die Füllung den Joghurt mit 60 g Zucker glatt rühren. Agar-Agar mit Milch verrühren, aufkochen und ca. 5 Min. köcheln lassen, den Topf vom Herd nehmen. Erst einen Teil des Joghurts in das heiße Agar-Agar einrühren, dann den restlichen Joghurt schnell unterrühren. Den Joghurt in eine Schüssel füllen und kalt stellen.

4. Inzwischen die Sahne steif schlagen. Nach ca. 30 Min., wenn der Joghurt zu gelieren beginnt, die Sahne vorsichtig unterziehen. Die Creme auf dem kalten Tarteboden verstreichen und im Kühlschrank in ca. 1 Std. vollständig fest werden lassen.

5. Das Puddingpulver mit 100 ml Wasser und übrigem Zucker glatt verrühren. Das Kompott in einem Topf aufkochen, das angerührte Puddingpulver einrühren und das Kompott köcheln lassen, bis es andickt. Den Pudding vom Herd nehmen und lauwarm abkühlen lassen, dabei immer wieder umrühren. Den Pudding auf der Tarte verteilen. Die Tarte im Kühlschrank vollständig erkalten lassen.

Vegane Zimtschnecken mit Kardamom und Mandeln

ZUBEREITUNG: 15 Min.
GEHEN: 1 Std. 10 Min.
BACKEN: 15 Min.
PRO STÜCK: ca. 170 kcal – 1 g EW – 5 g F – 29 g KH

FÜR 12 STÜCK
20 g frische Hefe
½ TL Salz
80 g Rohrohrzucker
150 ml Mandeldrink
300 g Vollkornmehl
50 g weiche vegane Margarine
2 TL Zimtpulver
1 TL gemahlener Kardamom
4 EL gehackte Mandeln
(ersatzweise Mandelstifte)

1. Für den Teig die Hefe mit Salz, 1 TL Zucker, 2 – 3 EL Mandeldrink und 2 EL Mehl verrühren und ca. 10 Min. gehen lassen.

2. Inzwischen für die Füllung die Margarine mit 1 TL Zimtpulver und 2 EL Zucker glatt rühren und kalt stellen. Übriges Mehl mit Kardamom und 1 TL Zimtpulver mischen. Die Hefemischung, den übrigen Zucker und restlichen Mandeldrink dazugeben. Alles kneten, bis ein homogener Teig entstanden ist. Den Teig zugedeckt an einem warmen Ort ca. 1 Std. gehen lassen, bis sich sein Volumen verdoppelt hat.

3. Den Backofen auf 200° vorheizen. Ein Backblech mit Backpapier auslegen. Den Teig zu einem Rechteck (ca. 25 × 35 cm) ausrollen, die Margarine-Zimt-Mischung auf das untere Drittel streichen und mit den Mandeln bestreuen. Das obere Drittel in die Mitte schlagen, die unteren zwei Drittel darauflegen und leicht andrücken. Den Teig in 12 Streifen schneiden, die Streifen jeweils zu einem Knoten drehen und auf das Blech geben. Die Schnecken im Ofen (Mitte) in 12 – 15 Min. goldbraun backen. Herausnehmen und abkühlen lassen.

Tipp:
Kein Mandeldrink zur Hand? Nehmen Sie für den Teig stattdessen einen Soja-, Getreide- oder Nussdrink. Und wenn Sie sich nicht vegan ernähren, verwenden Sie für das Rezept einfach die entsprechende Menge Milch und Butter.

Kokos-Panna-Cotta

ZUBEREITUNG: 25 Min.
KÜHLEN: 1 Std.
PRO PORTION: ca. 485 kcal – 5 g EW – 21 g F – 69 g KH

FÜR 2 PORTIONEN
125 ml Kokosmilch (aus der Dose)
125 g Sahne
50 g Rohrohrzucker
½ gestrichener TL Agar-Agar
2 Orangen
3 Kardamomkapseln
4 EL Granatapfelkerne (von ca. ¼ Granatapfel)

1. Kokosmilch und Sahne mit 25 g Zucker und Agar-Agar in einem Topf aufkochen, bei schwacher Hitze 5 Min. köcheln lassen. Die Mischung in zwei Dessertgläser füllen und im Kühlschrank in ca. 1 Std. erstarren lassen.

2. Die Orangen samt weißer Haut mit einem scharfen Messer schälen. Die Fruchtfilets aus den Trennhäutchen schneiden, in ca. 2 cm große Stücke schneiden, dabei den Saft auffangen. Die Kardamomkapseln anquetschen.

3. Die Orangen mit dem übrigen Zucker und Kardamomkapseln aufkochen und ca. 2 Min. köcheln lassen. Beiseitestellen und auskühlen lassen. Zum Servieren Kardamom entfernen. Granatapfelkerne mit den Orangen mischen. Das Ragout auf der Panna cotta verteilen.

Grüne Götterspeise

ZUBEREITUNG: 20 Min.
KÜHLEN: 2 Std.
PRO PORTION: ca. 490 kcal – 4 g EW – 17 g F – 76 g KH

FÜR 2 PORTIONEN
1 grüner Apfel
1 Kiwi
100 g grüne Trauben
1 Bio-Limette
500 ml heller Traubensaft
2 EL Rohrohrzucker
1 ¼ gestrichener TL Agar-Agar
100 g Sahne

1. Apfel waschen, vierteln, entkernen und in dünne Scheiben schneiden. Kiwi schälen, vierteln und in dünne Scheiben schneiden. Trauben waschen und abzupfen. Die Limette heiß waschen und abtrocknen, die Schale fein abreiben und den Saft auspressen.

2. Trauben- und Limettensaft, mit 1 ½ EL Zucker und Agar-Agar in einem Topf aufkochen, Apfel dazugeben und ca. 5 Min. köcheln lassen. Kiwi und Trauben dazugeben und untermischen. In zwei Dessertschalen füllen und im Kühlschrank in ca. 2 Std. erstarren lassen.

3. Kurz vor dem Servieren die Sahne mit der Limettenschale und dem übrigen Zucker halbsteif schlagen. Die Götterspeise mit der Limettensahne überziehen und servieren.

Dazu passt
eine Tasse frisch gebrühter Espresso.

Dazu passt
ein Glas kalte Buttermilch.

Grüner Kürbiskuchen

ZUBEREITUNG: 35 Min.
BACKEN: 50 Min.
PRO STÜCK: ca. 270 kcal – 5 g EW – 20 g F – 16 g KH

FÜR 1 KASTENFORM (28 CM, 14 STÜCKE)
200 g Kürbisfruchtfleisch (ohne Schale gewogen)
100 g Kürbiskerne
100 g gemahlene Haselnüsse
150 g Vollkornmehl
1 Päckchen Backpulver
150 g Butter
100 g Rohrohrzucker, Salz
3 Eier, 2 EL Kürbiskernöl
Fett und Mehl für die Form
Puderzucker zum Bestäuben

1. Das Kürbisfruchtfleisch grob raspeln. Die Kürbiskerne fein mahlen, mit gemahlenen Haselnüssen, Mehl und Backpulver mischen. Die Kürbisraspel untermischen. Butter und Zucker mit 1 Prise Salz cremig rühren, dann die Eier einzeln unterrühren.

2. Inzwischen den Backofen auf 180° vorheizen. Die Kastenform einfetten und mit Mehl ausstäuben. Kürbiskernöl unter die Eiermasse rühren. Die Mehlmischung dazugeben und zügig unterrühren.

3. Den Teig in die Kastenform füllen und im Backofen (Mitte) 45 – 50 Min. backen. Den Kuchen herausnehmen, auskühlen lassen und mit Puderzucker bestäuben.

Zitronen-Muffins

ZUBEREITUNG: 15 Min.
BACKEN: 30 Min.
PRO STÜCK: ca. 300 kcal – 6 g EW – 21 g F – 21 g KH

FÜR 12 MUFFINS
1 Bio-Zitrone
150 g Dinkelvollkornmehl
100 g gemahlene Mandeln
20 g Chiasamen-Mischung
3 TL Backpulver, 2 Eier
110 ml Sonnenblumenöl
125 g Rohrohrzucker
1 Päckchen Vanillezucker
150 g saure Sahne
30 g gemahlener Mohn
40 g Butter
Butter für das Muffinblech

1. Ofen auf 180° vorheizen. Zitrone heiß waschen und abtrocknen, die Schale fein abreiben und den Saft auspressen. Die Vertiefungen der Form einfetten.

2. 100 g Mehl mit der Hälfte der Zitronenschale, Mandeln, Chiasamen-Mischung und Backpulver mischen. Eier mit Öl, 100 g Zucker, Vanillezucker, saurer Sahne und Zitronensaft verquirlen. Die Mehlmischung rasch unterrühren. Den Teig in die Mulden geben.

3. Aus dem restlichen Mehl, Zucker, Zitronenschale, Mohn und Butter Streusel kneten. Auf den Muffins verteilen. Muffins im Ofen (Mitte) 25 – 30 Min. backen.

Dazu passt
ein Guss aus dunkler Kuvertüre oder ein Zuckerguss, gefärbt mit grüner Lebensmittelfarbe.

Dazu passt
eine Tasse Milchkaffee.

Rezept- und Sachregister

Damit Sie Rezepte mit bestimmten Zutaten noch schneller finden, sind in diesem Register auch beliebte Zutaten wie **Artischocken** und **Süßkartoffeln** alphabetisch geordnet und hervorgehoben. Darunter finden Sie das Rezept Ihrer Wahl.

A
Antipasti-Ricotta-Wrap 55

Äpfel
Apfelstrudel-Pfannkuchen (Variante) 100
Grüne Götterspeise 150
Info 21

Aprikosen
Energiekugeln 145
Info 21
Süßer Hirsesalat 145

Artischocken
Info 21
Kichererbsensalat 84
Slow-Carb-Pizza mit Artischocken und Schinken 112
Asia-Glasnudelsalat 80
Asiatische Nudelsuppe 127

Aubergine
Auberginen-Nudel-Salat 80
Auberginen-Salbei-Suppe 94
Ratatouille-Salat mit Reis-Feta-Küchlein 76

Aufstriche
Feigen-Ziegenfrischkäse-Aufstrich 49
Lachsschinken-Eier-Frühlingszwiebel-Aufstrich 49
Mandel-Honig-Kakao-Aufstrich 49
Nuss-Kichererbsen-Aufstrich 49

Austernpilze
Asia-Glasnudelsalat 80
Info 21
Linsensuppe mit gebratenen Austernpilzen 127

Avocado
Kidneybohnen-Burger mit Tomaten-Zwiebel-Salsa und Avocado 138
Mango-Avocado-Caprese 55

B
Ballaststoffe 12, 13

Banane
Bananenschaummüsli 35
Erdbeer-rot 41
Smoothie Bowl mit Basilikum und Banane 46

Basilikum
Basilikum-Tomaten-Rolle mit Blattsalat und Vollkorn-Croûtons 72
Smoothie Bowl mit Basilikum und Banane 46
Beeren (Info) 21
Beluga-Linsen-Salat mit Fisch und Rucola 82

Birnen
Birnen-Bircher mit Leinsamen 35
Birnen-gelb 41
Birnen-Käse-Toast 91
Blitzschnelle Paella 118

Blumenkohl
Blumenkohl-Reis-Puffer 120
Putenspießchen mit warmem Kichererbsensalat 136

Bohnen
Bohnen-Thunfisch-Salat 55
Cassoulet mit Bohnen 132
Lachseintopf mit Bohnen 140
Minestrone mit Weizen 127
Weißer Bohnensalat 84
Brot-Lauch-Auflauf 91
Bunte Brotzeitspieße 31

Buttermilch
Erdbeer-rot 41
Exotischer Cole Slaw 60
Möhren-Sesam-Drink 41
Zitronen-Buttermilch-Creme 145

C
Cannelloni mit Fenchel 128
Cassoulet mit Bohnen 132
Ceviche mit Mango 66

Champignons
Gefüllte Champignons 108
Gefüllte Nudelrollen 78

Chili
Puten-Chili-con-Carne 91
Vollkorn-Club-Sandwich mit Papaya und Limetten-Chili-Schmand 70
Cole Slaw, Exotischer 60

Cranberrys
Cranberry-Granola (Variante) 42
Dinkel-Tarte mit Joghurt-Mousse und Cranberrykompott 146
Energiekugeln 145
Feldsalat mit Kürbis und Kerndl-Topping 56

D

Datteln
Orientalisches Gemüse mit Roter Bete und Getreidebratlingen 106
Süßer Hirsesalat 145

Dinkel
Dinkel-Tarte mit Joghurt-Mousse und Cranberry-kompott 146
Gefüllte Champignons 108
Risotto mit Grünkohl 98
Disaccharide 6

E

Eier
Apfelstrudel-Pfannkuchen (Variante) 100
Brot-Lauch-Auflauf 91
Eier mit Lachstatar 50
Eierpizza aus der Pfanne 91
Lachsschinken-Eier-Frühlingszwiebel-Aufstrich 49
Omelett mit Radieschen 50
Pfannkuchen mit Gemüse und Frischkäse 100
Quiche mit Wirsing 102
Schinken-Paprika-Rührei 35
Tortilla mit Salatpesto 94
Einfachzucker 6
Eiweiß 16
Eiweißquellen 16
Energiekugeln 145
Erdbeer-rot 41
Exotischer Cole Slaw 60

F

Fastfood goes Slow 10

Feigen
Feigen-Ziegenfrischkäse-Aufstrich 49
Flammkuchen mit Feigen (Variante) 112
Quark-Sesam-Honig-Parfait 145

Fenchel
Cannelloni mit Fenchel 128
Fenchel-Möhren-Slaw 60
Ofengemüse mit Crostini 108
Slow-Carbonara 128
Fette 17
Fischcurry mit Kichererbsen und Spargel, Grünes 134
Fischfilet mit Paprikasahne 116
Flammkuchen mit Feigen (Variante) 112

Frischkäse
Gefüllte Champignons 108
Käse-Paprika-Stulle 55
Lachsschinken-Eier-Frühlingszwiebel-Aufstrich 49
Pfannkuchen mit Gemüse und Frischkäse 100
Räucherfisch-Frischkäse-Brot 35
Fruchteis am Stiel 145

G

Garnelen
Asiatische Nudelsuppe 127
Cannelloni mit Fenchel 128
Garnelensalat mit Wildreis und Pfirsich 74
Salatrollen mit Dip 78
Gebratenes Rinderfilet mit Sellerie-Salsa und Süßkartoffelstampf 96
Gefüllte Champignons 108
Gefüllte Nudelrollen 78
Gefüllte Tomaten 31
Gehärtete Fette 17
Gemüse mit Roter Bete und Getreidebratlingen, Orientalisches 106
Gemüsesticks mit Ketchup 104

Glasnudeln
Asia-Glasnudelsalat 80
Salatrollen mit Dip 78
Glykämischer Index 8

Gorgonzola
Birnen-Käse-Toast 91
Risotto mit Topinambur 98
Zucchini mit Gorgonzola 118
Götterspeise, Grüne 150

Grapefruit
Kichererbsensalat 84
Quinoasalat mit Zuckerschoten und Zitrusfrüchten 64
Grüne Götterspeise 150
Grüner Kürbiskuchen 152
Grünes Fischcurry mit Kichererbsen und Spargel 134
Gurken-Tomaten-Kefir 41

H

Hackfleisch
Asia-Glasnudelsalat 80
Hackfleischbraten mit Gemüse und Schafskäse 122
Hummus mit Hackfleischbällchen 86
Puten-Chili-con-Carne 91
Haferflocken 20

Hähnchenbrustfilet
Linsen-Maronen-Salat mit Hähnchen (Variante) 82
Senf-Hähnchen mit Wildreis und Pistazien 114

Hanfsamen
Sauerteig-Brötchen 38
Super-Slow-Müsli-Mischung mit Mandeln und Kernen 41

Haselnüsse
Grüner Kürbiskuchen 152
Info 21
Kabeljau mit Kräuter-Nuss-Kruste und Kartoffel-Pastinaken-Püree 101
Nuss-Kichererbsen-Aufstrich 49
Pumpernickeltrifle 145
Quiche mit Wirsing 102
Spitzkohl-Nuss-Salat 66
Süßkartoffel-Crumble 102
Heißhunger 8
Hirsesalat, Süßer 145
Hotdog 11, 91
Hummus mit Hackfleischbällchen 86

J/K

Joghurt
Dinkel-Tarte mit Joghurt-Mousse und Cranberry-kompott 146
Fenchel-Möhren-Slaw 60
Hackfleischbraten mit Gemüse und Schafskäse 122
Quark-Sesam-Honig-Parfait 145

Kabeljau
Beluga-Linsen-Salat mit Fisch und Rucola 82
Grünes Fischcurry mit Kichererbsen und Spargel 134
Kabeljau mit Kräuter-Nuss-Kruste und Kartoffel-Pastinaken-Püree 101
Linsen mit Kabeljaufilets 140
Saltimbocca mit Kabeljau und Pilznudeln 124

Kartoffeln
Kabeljau mit Kräuter-Nuss-Kruste und Kartoffel-Pastinaken-Püree 101
Zucchini mit Gorgonzola 118

Käse-Paprika-Stulle 55

Kichererbsen
Eintopf mit Kichererbsen 132
Grünes Fischcurry mit Kichererbsen und Spargel 134
Hummus mit Hackfleischbällchen 86
Info 20
Kichererbsensalat 84
Nuss-Kichererbsen-Aufstrich 49
Putenspießchen mit warmem Kichererbsensalat 136

Kidneybohnen-Burger mit Tomaten-Zwiebel-Salsa und Avocado 138

Kiwi
Grüne Götterspeise 150
Müsliquark mit Kiwi 44

Kohlenhydrate 6
Kokos-Panna-Cotta 150

Kräuter
Auberginen-Salbei-Suppe 94
Kabeljau mit Kräuter-Nuss-Kruste und Kartoffel-Pastinaken-Püree 101
Spargel-Sülzchen mit Kräutern und Vollkorn-Crostini 62
Wildkräutersalat mit Speckstreifen (Variante) 56

Kürbis
Feldsalat mit Kürbis und Kerndl-Topping 56
Gemüsesticks mit Ketchup 10, 104
Grüner Kürbiskuchen 152
Kürbissuppe mit Croûtons 104
Ofengemüse mit Crostini 108
Risotto mit Speckwürfeln 120

Kürbiskerne
Energiekugeln 145
Grüner Kürbiskuchen 152
Tortilla mit Salatpesto 94

Kürbiskuchen, Grüner 152
Kürbissuppe mit Croûtons 104

L

Lachs
Eier mit Lachstatar 50
Lachseintopf mit Bohnen 140
Möhrenreis mit Lachsfilet 116

Lachsschinken-Eier-Frühlingszwiebel-Aufstrich 49

Leinsamen
Birnen-Bircher mit Leinsamen 35
Info 21
Müsliquark mit Kiwi 44

Linsen
Beluga-Linsen-Salat mit Fisch und Rucola 82
Gemüsesticks mit Ketchup 104
Linsen mit Kabeljaufilets 140
Linsen-Maronen-Salat mit Hähnchen (Variante) 82
Linsensuppe mit gebratenen Austernpilzen 127

Lösliche Ballaststoffe 12
Low Carb 24

M

Mandeln
Mandel-Honig-Kakao-Aufstrich 49
Müsliquark mit Kiwi 44
Super-Slow-Müsli-Mischung mit Mandeln und Kernen 41
Vegane Zimtschnecken mit Kardamom und Mandeln 148
Zitronen-Muffins 152

Mango
Ceviche mit Mango 66
Mango-Avocado-Caprese 55
Porridge mit Mango 44

Mehrfachzucker 6
Minestrone mit Weizen 127
Minuten-Steaks mit Polenta 91

Möhren
Beluga-Linsen-Salat mit Fisch und Rucola 82
Eintopf mit Kichererbsen 132
Fenchel-Möhren-Slaw 60
Möhren-Curry-Toast 35
Möhren-Sesam-Drink 41
Möhrenreis mit Lachsfilet 116
Quinoasalat mit Zuckerschoten und Zitrusfrüchten 64
Slow-Carb-Brot mit Möhren und Zucchini 36
Tortilla mit Salatpesto 94

Monosaccharide 6
Müsli-Quark-Hörnchen 38
Müsliquark mit Kiwi 44

N
Nährstoffe 16

Naturreis
Blitzschnelle Paella 118
Fischfilet mit Paprikasahne 116
Hackfleischbraten mit Gemüse und Schafskäse 122
Möhrenreis mit Lachsfilet 116
Ratatouille-Salat mit Reis-Feta-Küchlein 76
Tomaten-Reis-Suppe mit Räuchertofu 127

Nudeln
Asiatische Nudelsuppe 127
Auberginen-Nudel-Salat 80
Pesto-Nudel-Salat 55
Saltimbocca mit Kabeljau und Pilznudeln 124
Slow-Carbonara 128
Zucchinispaghetti mit Pinienkernen und Zitronensahne 130

Nuss-Kichererbsen-Aufstrich 49

O/P
Ofengemüse mit Crostini 108
Omelett mit Radieschen 50

Orangen
Kokos-Panna-Cotta 150
Quinoasalat mit Zuckerschoten und Zitrusfrüchten 64
Rote-Bete-Orangen-Salat (Variante) 58

Orientalisches Gemüse mit Roter Bete und Getreidebratlingen 106
Palmöl 17

Paprikaschote
Fischfilet mit Paprikasahne 116
Info 21
Käse-Paprika-Stulle 55
Puten-Chili-con-Carne 91
Schinken-Paprika-Rührei 35
Slow-Carbonara 128

Parmesan
Cannelloni mit Fenchel 128
Risotto mit Speckwürfeln 120
Slow-Carbonara 128

Pesto-Nudel-Salat 55
Pfannkuchen mit Gemüse und Frischkäse 100
Polysaccharide 6
Porridge mit Mango 44
Porridge mit Weizenkeimen 35
Präbiotische Lebensmittel 12
Probiotika 12

Pumpernickel
Matjessalat mit Pumpernickel 55
Pumpernickel-Burger 31
Pumpernickeltrifle 145

Puten-Chili-con-Carne 91
Putenbrust-Wrap 31

Putenschnitzel
Cassoulet mit Bohnen 132
Putenspießchen mit warmem Kichererbsensalat 136

Q/R

Quark
Müsli-Quark-Hörnchen 38
Müsliquark mit Kiwi 44
Pumpernickeltrifle 145
Quark-Sesam-Honig-Parfait 145

Quiche mit Wirsing 102
Quinoasalat mit Zuckerschoten und Zitrusfrüchten 64

Radicchio
Ofengemüse mit Crostini 108
Radicchio-Gemüse mit Halloumi (Variante) 92

Radieschen
Omelett mit Radieschen 50
Radieschen-Gemüse mit Pinienkernen und Fischfrikadellen 92

Ratatouille-Salat mit Reis-Feta-Küchlein 76
Räucherfisch-Frischkäse-Brot 35
Räuchertofu-Hotdog 11, 91

Ricotta
Antipasti-Ricotta-Wrap 55
Cannelloni mit Fenchel 128

Rinderfilet mit Sellerie-Salsa und Süßkartoffelstampf, Gebratenes 96
Risotto mit Grünkohl 98
Risotto mit Speckwürfeln 120
Risotto mit Topinambur 98
Roastbeefröllchen 31

Rote Bete
Orientalisches Gemüse mit Roter Bete und Getreidebratlingen 106
Rote-Bete-Orangen-Salat (Variante) 58
Rote-Bete-Salat mit Knäckebrot und Thymian 68

S
Salamipizza 11
Salatrollen mit Dip 78
Saltimbocca mit Kabeljau und Pilznudeln 124
Sauerteig-Brötchen 38

Schafskäse
Hackfleischbraten mit Gemüse und Schafskäse 122
Lachseintopf mit Bohnen 140
Ratatouille-Salat mit Reis-Feta-Küchlein 76

Schinken
Birnen-Käse-Toast 91
Brot-Lauch-Auflauf 91
Lachsschinken-Eier-Frühlingszwiebel-Aufstrich 49
Risotto mit Speckwürfeln 120
Saltimbocca mit Kabeljau und Pilznudeln 124

Schinken-Paprika-Rührei 35
Slow-Carb-Pizza mit Artischocken und Schinken 112
Senf-Hähnchen mit Wildreis und Pistazien 114

Sesamsamen
Ceviche mit Mango 66
Quark-Sesam-Honig-Parfait 145
Vollkorn-Club-Sandwich mit Papaya und Limetten-Chili-Schmand 70
Slow Carb 24
Slow Carb to go 28
Slow-Carb-Brot mit Möhren und Zucchini 36
Slow-Carb-Gebote 15
Slow-Carbonara 128
Slow-Carb-Pizza mit Artischocken und Schinken 11, 112
Slow-Carb-Quellen 20 ff
Smoothie Bowl mit Basilikum und Banane 46

Snacks
Bunte Brotzeitspieße 31
Gefüllte Tomaten 31
Pumpernickel-Burger 31
Putenbrust-Wrap 31
Roastbeefröllchen 31
Zucchiniröllchen 31

Spargel
Grünes Fischcurry mit Kichererbsen und Spargel 134
Spargel-Sülzchen mit Kräutern und Vollkorn-Crostini 62

Speck
Linsen mit Kabeljaufilets 140
Quiche mit Wirsing 102
Risotto mit Speckwürfeln 120
Wildkräutersalat mit Speckstreifen (Variante) 56
Spitzkohl-Nuss-Salat 66
Super-Slow-Müsli-Mischung mit Mandeln und Kernen 41
Süßer Hirsesalat 145

Süßkartoffeln
Gebratenes Rinderfilet mit Sellerie-Salsa und Süßkartoffelstampf 96
Süßkartoffel-Crumble 102

T

Tofu
Räuchertofu-Hotdog 11, 91
Tomaten-Carpaccio mit Salsa verde und Räuchertofu 58
Tomaten-Reis-Suppe mit Räuchertofu 127

Tomaten
Basilikum-Tomaten-Rolle mit Blattsalat und Vollkorn-Croûtons 72
Blitzschnelle Paella 118
Cannelloni mit Fenchel 128
Cassoulet mit Bohnen 132
Gefüllte Tomaten 31
Gurken-Tomaten-Kefir 41
Kidneybohnen-Burger mit Tomaten-Zwiebel-Salsa und Avocado 138
Puten-Chili-con-Carne 91
Ratatouille-Salat mit Reis-Feta-Küchlein 76
Slow-Carb-Pizza mit Artischocken und Schinken 112
Süßkartoffel-Crumble 102
Tomaten-Carpaccio mit Salsa verde und Räuchertofu 58

Topinambur
Gemüsesticks mit Ketchup 104
Info 20
Risotto mit Topinambur 98
Tortilla mit Salatpesto 94

U/V/W
Unlösliche Ballaststoffe 12
Vegane Zimtschnecken mit Kardamom und Mandeln 148
Vielfachzucker 6
Vollkorn-Club-Sandwich mit Papaya und Limetten-Chili-Schmand 70

Walnüsse
Auberginen-Nudel-Salat 80
Kürbissuppe mit Croûtons 104
Nuss-Kichererbsen-Aufstrich 49
Weißer Bohnensalat 84
Wildkräutersalat mit Speckstreifen (Variante) 56

Wildreis
Garnelensalat mit Wildreis und Pfirsich 74
Senf-Hähnchen mit Wildreis und Pistazien 114

Wirsing
Info 21
Quiche mit Wirsing 102

Z

Ziegenfrischkäse
Feigen-Ziegenfrischkäse-Aufstrich 49
Gefüllte Nudelrollen 78
Zimtschnecken mit Kardamom und Mandeln, Vegane 148
Zitronen-Buttermilch-Creme 145
Zitronen-Muffins 152

Zucchini
Pfannkuchen mit Gemüse und Frischkäse 100
Ratatouille-Salat mit Reis-Feta-Küchlein 76
Slow-Carb-Brot mit Möhren und Zucchini 36
Zucchini mit Gorgonzola 118
Zucchiniröllchen 31
Zucchinispaghetti mit Pinienkernen und Zitronensahne 130

Zuckerschoten
Eierpizza aus der Pfanne 91
Pfannkuchen mit Gemüse und Frischkäse 100
Quinoasalat mit Zuckerschoten und Zitrusfrüchten 64
Zutatenliste 7
Zweifachzucker 6

Projektleitung: Tanja Dusy
Lektorat: Maryna Zimdars
Korrektorat: Karin Leonhart
Innen- und Umschlaggestaltung: independent Medien-Design, Horst Moser, München
Illustrationen: independent Medien-Design, Horst Moser, München
Herstellung: Susanne Mühldorfer
Satz: Reemers Publishing Services GmbH, Krefeld
Reproduktion: Longo AG, Bozen
Druck und Bindung: Firmengruppe Appl, Wemding
Syndication: www.jalag-syndication.de
1. Auflage 2016
ISBN 978-3-8338-5169-8

Die Autorinnen

Dagmar Reichel und **Cora Wetzstein** kennen sich bereits seit ihrem Studium der Ökotrophologie in Freising/Weihenstephan. Seit damals verbindet sie ihre Liebe zu gutem Essen aus frischen, natürlichen Zutaten, die sie in einigen gemeinsam veröffentlichten Kochbüchern auch mit ihren Lesern gerne teilen. Die Devise für ihre Rezeptkreativität: Gesund, vollwertig, lecker und schnell auf dem Tisch muss es sein. Und die ließ sich ganz prima mit dem Thema Slow Carb in Einklang bringen, finden die beiden.

Die Fotografin

Barbara Bonisolli ist eine erfolgreiche Foodfotografin. Seit zwei Jahren moderiert sie ihre eigene Garten- und Kochsendung im Fernsehen, in der Wissenswertes über nachhaltige Lebensweise, saisonale Gartenarbeit und gesunde Ernährung vermittelt wird. Barbara Bonisolli lebt seit mehr als zehn Jahren mit ihrem Mann und den drei Kindern auf dem Land und verwirklicht dort, wovon andere träumen. In ihrem Landgarten sät und pflanzt sie, was auf den Tisch kommt. Ein besonderes Dankeschön geht an **Anja Prestel (Assistenz und Bildbearbeitung)** und **Zeynep Jansen (Foodstyling).**

Bildnachweis

Coverfoto: Nicole Franzen, Townsend/London, alle anderen Fotos: Barbara Bonisolli, München

Umwelthinweis:

Dieses Buch ist auf PEFC-zertifiziertem Papier aus nachhaltiger Waldwirtschaft gedruckt.

Backofenhinweis:

Die Backzeiten können je nach Herd variieren. Die Temperaturangaben in unseren Rezepten beziehen sich auf das Backen im Elektroherd mit Ober- und Unterhitze und können bei Gasherden oder Backen mit Umluft abweichen. Details entnehmen Sie bitte Ihrer Gebrauchsanweisung.

QUALITÄTS G|U GARANTIE

Liebe Leserin, lieber Leser,

haben wir Ihre Erwartungen erfüllt? Sind Sie mit diesem Buch zufrieden? Haben Sie weitere Fragen zu diesem Thema? Wir freuen uns auf Ihre Rückmeldung, auf Lob, Kritik und Anregungen, damit wir für Sie immer besser werden können.

GRÄFE UND UNZER Verlag
Leserservice
Postfach 86 03 13
81630 München
E-Mail:
leserservice@graefe-und-unzer.de

Telefon: 00800 / 72 37 33 33*
Telefax: 00800 / 50 12 05 44*
Mo–Do: 9.00 – 17.00 Uhr
Fr: 9.00 – 16.00 Uhr
(gebührenfrei in D, A, CH)*

Ihr GRÄFE UND UNZER Verlag
Der erste Ratgeberverlag – seit 1722.

www.facebook.com/gu.verlag

GRÄFE UND UNZER

Ein Unternehmen der
GANSKE VERLAGSGRUPPE